中华先贤人物故事汇

欧阳修

吴梅影 著

中华书局

图书在版编目（CIP）数据

欧阳修/吴梅影著. —北京:中华书局,2019.2（2019.6 重印）
（中华先贤人物故事汇）
ISBN 978 - 7 - 101 - 13666 - 1

Ⅰ.欧…　Ⅱ.吴…　Ⅲ.欧阳修（1007～1072）- 生平事迹
Ⅳ.K825.6

中国版本图书馆 CIP 数据核字（2018）第 300583 号

书　　名	欧阳修
著　　者	吴梅影
丛 书 名	中华先贤人物故事汇
责任编辑	李洪超　董邦冠
出版发行	中华书局
	（北京市丰台区太平桥西里 38 号　100073）
	http://www.zhbc.com.cn
	E - mail:zhbc@ zhbc.com.cn
印　　刷	北京瑞古冠中印刷厂
版　　次	2019 年 2 月北京第 1 版
	2019 年 6 月北京第 2 次印刷
规　　格	开本/787 × 1092 毫米　1/32
	印张 4¾　插页 2　字数 67 千字
印　　数	10001 - 30000 册
国际书号	ISBN 978 - 7 - 101 - 13666 - 1
定　　价	20.00 元

出版说明

孔子周游列国，创立儒家学说；张骞出使西域，开辟丝绸之路；书圣王羲之，留下了曲水流觞的佳话；诗仙李白，写下了"举头望明月，低头思故乡"的名篇；王安石为纠正时弊，推行变法；李时珍广集博采，躬亲实践，编撰医药学名著《本草纲目》……

这些杰出的历史人物，有的是在中华民族文明进程中做出过突出贡献、对后世产生过巨大影响的思想家、政治家，有的是对中华优秀传统文化的传承传播发挥过重大作用的文学家、艺术家、科学家，有的是为国家安定统一、民族融合团结和中外文化交流做出过杰出贡献的军事家、外交家……他们为中华民族的繁荣发展做出了伟大的贡献，他们的行为事迹、风范品格为当世楷模，并垂范后世。

他们是中华民族的先贤人物。他们的思想、品德、事迹，是中华优秀传统文化的结晶。他们的故事，是对中华民族的禀赋、特点和气质最生动、最鲜活的阐释。他们的名字，在五千年中华文明史上最为光彩夺目。他们为五千年中华文明史书写了最为光辉灿烂的篇章。

为了解先贤，走近先贤，我们精心组织编写了这套《中华先贤人物故事汇》丛书。以详实可靠的史料为依据，以细腻动人的故事为载体，真实地呈现中华先贤人物的事迹、品格和精神风貌，彰显他们的贡献和功绩，以激发人们对国家民族的热爱，对中华文明、中华优秀传统文化的崇敬。

开卷有益，期待这套丛书成为你的良师益友。

目 录

导 读

欧阳修（1007—1072），北宋人，他生活的朝代，离现在已是千年上下了。

古代的读书人，有名有姓之外，一般还有字、号。欧阳修字永叔，号"醉翁""六一居士"，祖籍为今江西省吉安市永丰县。他不到四岁就没了父亲，母亲辛苦抚育他长大。家贫，无钱买纸笔，他的母亲"以荻画地"——用荻秆在沙地上教他写字，又教导他学诗、学琴，学习做人的道理。

欧阳修很聪明，又特别勤奋，坚持不懈，努力学习。没有书本，他就到随州城南富户李家借书、抄书，十几年如一日，勤学苦读。

考中进士后，他先是到洛阳为官几年，后来回到首都东京（今河南开封），担任馆阁校勘。

庆历年间，因支持、辅佐范仲淹革新，受人诬陷，遭贬滁州。在滁州，他写下千古名篇《醉翁亭记》。

他一生仕途坎坷，几起几落：数次遭贬，在好多地方做过知州。官至翰林学士、枢密副使（主管军事）、参知政事（副宰相）。

宋仁宗嘉祐二年（1057），欧阳修以翰林学士知贡举（担任主考官），他录取的学生当中，有一位名叫苏轼（苏东坡）。

欧阳修为唐宋散文八大家之一，文章平易，入情入理。他领导北宋诗文革新运动，提倡质朴文风，正本清源。他还是一名历史学家，与宋祁共同完成官修《新唐书》，又个人完成私修《新五代史》。这两部史书，都归入了二十四史中。他还著有一部金石学的开山之作——《集古录》。

欧阳修的词写得极美，在词史上，他承上启下：既继承了李璟、李煜、冯延巳等五代词人的优秀传统，又启发了后来的苏东坡和秦少游的创作。

欧阳修一生，走过了六十六年起起伏伏的岁月。

引子：六字记，洛城花

几名青衣男子，伫立河畔，均作低头沉思状。

宋仁宗景祐元年（1034），西京河南府（今河南洛阳），深春。

一只大狗倒在道上，已然断气。

略为年长的男子昂首说道："愚兄这就有了。不妨将适才所见记为——有犬卧通衢，逸马蹄而死之。"

年轻些的男子评说："太啰嗦了！如果以梅郎此种方法写史，一万卷也写不完。"

继而摇摇头，又用力点头，高声嚷道："弟亦有了！六字便可——逸马杀犬于道。"

另一名较为壮实的男子拍手笑道："永叔此记甚好，正是史笔。"

是日，河南府为官的几名好友，同为三十上下年纪的梅尧臣、张谷等一行，相约宴饮伊水河畔，为将要回返东京、任职馆阁校勘的欧阳修和尹洙饯行。途中，见一匹脱缰的马于路上狂奔，踏死了一只大狗。欧阳修提议把这件事记下来，看谁记得简要，夺冠者，将命今日前来的洛阳城最美丽的歌姬，演唱其词三首。

首先发话之人乃一向老成持重的梅尧臣，较为年轻、神情激昂的便是欧阳修，略显壮实之人为尹洙。

几名年轻些后生则在一旁微笑不语。

尹洙进而赞道，永叔吟诗作文之勤勉，不与凡俗，正骐骥盛壮之时，一日而驰千里也。

欧阳修拱手。他微微笑了，脸庞映射着伊水的粼粼波光。

这是欧阳修到洛城的第四个春天了。他对着即将远去的洛阳春色，纵声吟来：

　　把酒祝东风，且共从容。垂杨紫陌洛城东。总是当时携手处，游遍芳丛。　　聚散苦匆匆，此恨无穷。今年花胜去年红。可惜明年花更好，知与谁同？（《浪淘沙》）

洛社新声

欧阳修这就离开洛阳了。

几时才能再回来？洛水悠悠，轻拍堤岸，一声，一声，再一声。他的思绪回到了初来洛阳的那些日子。

这天，欧阳修预备去拜访他的新朋友、河南府伊阳知县尹洙（字师鲁）。说是上门请教，心中却有许多的不服气。

前些天，刚到洛阳，放舟伊水，歇息岸边，欧阳修偶遇诗人梅尧臣，二人相谈甚是投契。

梅尧臣和他谈诗，又说到经义、策论等文章作法。梅尧臣说：天下文章，我最服尹师鲁。

欧阳修记住了这个名字，却很不以为然。梅郎面前，诗我不敢称第一，要论文章，莫非天下还有人比我欧阳修所下功夫更深的么？

仁宗天圣九年（1031），深春里的一日，谷雨刚过。

仁宗乃北宋第四位国君。宋自太祖赵匡胤建立政权以来，历太祖、太宗、真宗三位皇上，真宗去世，仁宗年幼，由太后刘娥秉政。

帝国的首都为东京开封府（今河南开封），此外还有三座副都，分别为南京应天府（今河南商丘）、北京大名府（今河北邯郸）和西京河南府。

墙角，一株牡丹满怀风情，正展开娇艳的笑靥。

大群人围着牡丹啧啧称叹。

其中抚髯而笑的老者，正是判河南府、西京留守钱惟演（字希圣）。

这硕大的牡丹说是一株，其实是两株合二为一。钱惟演年前到河南府主政，因极喜洛阳牡丹，遂命人移来名种，一曰姚黄，一名魏紫，种在园中墙角同一花圃。而今两花齐开，姚黄明媚，魏紫鲜嫩，碗口大的花朵，仿佛经由同一株开出，格外引人注目。

这一天到钱惟演府上赏花饮酒的十几名文士，除西京通判（副守）谢绛（字希深）之外，均是洛阳城较有品味的中下层官员。是的，若是钱公瞧不上，就算官比他大、富甲天下，也不可能接到邀请函。

钱惟演乃江南世家、吴越忠懿王钱俶之子，更与刘太后沾亲带故。出身高贵，家中多金，人又多才，眼光自然挑剔些。

几名年轻人伫立花前，指指点点。喘着粗气赶来的清瘦男子，便是刚到洛阳没几日的欧阳修。他见牡丹开得如此之好，叹道："唐人刘禹锡诗写'唯有牡丹真国色，花开时节动京城'，这西京牡丹花开，姚黄魏紫大花千叶，一现明黄，一色肉红，名品相压，争奇斗艳，果真甲冠天下，名不虚言。"

身旁一名高大魁伟的红脸男子，接话说道："你刚来洛阳，就赶上使君牡丹盛会，赶上我这洛阳诗社新咏，真真好巧。永叔，有福人也。"

被称作永叔的欧阳修上年刚刚考中进士，新春接受朝廷指派，在农历三月末，到达洛阳，充任西京留守推官。

那位相貌堂堂的红脸男子，名叫梅尧臣，字圣俞，宣州宣城（今安徽宣城）人。出身书香世家，未曾取得功名的梅尧臣，早年以荫补官，时任河南县主簿。

对着这群年轻人，钱惟演微笑点头。过去在馆阁，也是他们这般二三十岁的青春年纪吧？他和杨亿、刘筠等人，不满于国初文无法、诗无法，遂以格律精严、绮丽唯美的"西昆体"酬唱，流连光景，优游岁月，引领时风。

紧接着，诗社社长梅尧臣发话说："今日欧阳永叔来到，我洛阳诗社新添生力军，六子将变为七子喽，真真好！欧阳永叔不知何故今日迟到？永叔不妨吟来一首，作为新人入社信凭？"说罢，笑微微看向欧阳修，意思是想借此罚他，并考考他的文才，给他一个下马威。

欧阳修笑着答道："社长发话，某虽不才，只好强作新声了。"继而昂首言道："欧阳修今春得以从东京至洛阳，来到钱大人麾下，结识在座洛阳群英，真是三生有幸。若说作诗，众高才面前，欧阳修岂敢？刚好来时路上，见景生情，吟成《玉楼春》一阕，似乎略微可观。现呈上，诸君且莫要见笑。"即轻声吟来：

> 洛阳正值芳菲节。秾（nóng）艳清香相间发。游丝有意苦相萦，垂柳无端争赠别。
> 杏花红处青山缺。山畔行人山下歇。今宵谁肯远相随，惟有寂寥孤馆月。

吟罢，神情竟带有几分凄婉。

欧阳修口中所吟，时人称之为"诗余"，又叫做"词"，是继唐诗之后兴起的一种新歌行体，以长短不齐的句式，表达内心的丰富情感。因有曲调，可以随时随地演唱，故而作词也称"倚声填词"。要说倚声填词，宋代文人雅士推崇备至、引领时风之翘楚，便是录取欧阳修的主考官，前参知政事（副宰相）晏殊了。

尹洙从旁评点说："永叔所咏，好是好，就是多了几分凄冷。"

钱惟演又发话说："老夫这园子中，新落成

欧阳修笑道："社长发话，某虽不才，只好强作新声了。"随
即吟诵起新作《玉楼春》。

一亭，今日请诸君来，正好为其作记。诸君以为如何？"

欧阳修、谢绛、尹洙三人应声作答，提笔立成，各写一记。

写成呈与钱惟演瞧。谢绛之文长达七百字。欧阳修之文五百多字。尹洙只用三百八十多字，语言凝练，叙事完备，结构谨严。

钱惟演宣布："今日洛阳牡丹文会魁首，当为尹师鲁。"

啼声初试，未拔头筹，欧阳修心中，满肚子的不服气，怎么压也压不下去。

晚饭后，他提着酒食前往拜访尹洙，欲向尹洙讨教文章作法，意思是要再仔细观察观察，看看尹洙到底有没有真本事。二人推杯换盏，彻夜长谈。一坛子酒不觉见底。

尹洙说："欧阳永叔，平心而论，以你在词句上所下功夫，你认为，天下还有几个人能赶得上你的么？"

欧阳修摇头。

"那你知道自己为啥文章写不过尹某？"

欧阳修依旧摇头。

尹洙告诉他："写文章这事，和世上所有事、物中蕴含的道理是相通的。为文而文，下死功夫雕琢词句，虽是读书人必须经过的一段路途，但并非最终目的。文以载道，诗以言志，文章、诗词应该为人所用，体现一个人的胸中丘壑，展示其气局、魅力、人格、风范，这才是我等所应该终身不倦孜孜以求的呀。"

欧阳修道："听君一席话，胜读十年书。今日，欧阳修所得，这才叫豁然开朗，'仿佛若有光'。"

就这样，洛阳城为官的几名年轻人在钱惟演的万般"宠爱"之下，经常游山玩水，共同探讨诗词，切磋文章。欧阳修与他们相处甚是融洽，受益匪浅。

以荻画地

时光从洛阳回溯到二十多年前的随州。初到叔父欧阳晔家的那天，小欧阳修站在门口哭了。

他哭得声很大，震天响亮，把母亲郑氏吓坏了，便将怀中小女儿交给奶娘，忙着低下头来照看他，哭声却戛然而止。

好多天过去，母亲问他，为什么哭？他回答：说不清。

不到四岁，"庐陵欧阳修"就没了父亲，在中国古代，把这样的不幸称为"幼年失怙"。

生于真宗景德四年六月二十一日（1007年8月1日）的欧阳修，祖籍吉州永丰（今江西吉安永丰县），因吉州原属庐陵郡，故其成年后，自称"庐陵欧阳修"。

唐代著名诗人王勃的《滕王阁序》开头一句这样写道："豫章故郡，洪都新府；星分翼轸，地接衡庐。"咏的便是滕王阁所在今江西省会南昌的地理位置。

豫章、洪都都是南昌的别称。宋称南昌为洪州，和欧阳修的老家吉州一起，隶属于江南西路，因而，后来人们顺理成章地把这块辽阔美丽的土地简称为江西。

欧阳修虽是江南西路吉州人，却并不是在江西出生的，他出生于绵州（今四川绵阳）。其父欧阳观在他出生的时候已经五十六岁了，时为绵州军事推官。和那个时代的所有读书人一样，欧阳观自幼苦读，长大后参加科考。一路行来，科举之路却颇为坎坷，屡考屡挫，屡挫屡考，四十九岁才考中进士，因之成亲也较晚。举进士后，欧阳观先后为官道州（今湖南道县）、泗州（今安徽泗县）、绵州。真宗大中祥符三年（1010），欧阳观不幸于泰州（今江苏泰州）判官任上病逝，享年仅五十九岁。

"昔我往矣，杨柳依依；今我来思，雨雪霏霏……"千里路，千里悲伤，小欧阳修投靠叔父欧阳晔的路上，木叶山川，触目皆是父亲温和的笑颜。

"孩儿出生前二年，皇上刚跟辽国签订和议，国家安定，世道太平。诸事顺遂，我也将由泗州到绵州来，因而孩儿是我欧阳家的福星呢。"欧阳观笑眯眯，抚摸着儿子的头，耐心地为他讲解。墙上，有他刚绘成的一幅"太上老君图"。

皇上真宗信奉道教，时年"天"降黄帛，国家更因此改元"大中祥符"。

"父亲，为啥叫'澶渊之盟'？胡人都是红眉毛绿眼睛的么？是否长有双头？"欧阳修在绵州，不知不觉这便长到三岁多，他常缠着父亲问这问那。

"胡人跟我们一样，也是一张嘴，两个鼻孔，每日要吃三餐饭。唯一不同的是，他们生活主要靠放牧，即养马、养牛羊等，我们则靠种地。

"放牧为生，骑术自然厉害，常骑马到中原抢粮抢物抢鸡鸭。他们生活在边远的胡地，跟中原人不一样，所以称之为'胡'。北方的胡人有好多个族群，有回鹘啦，党项啦，契丹啦，其中契丹最为强大。"

"胡人也会弹琴呢，他们弹奏的乐器，称为胡琴。喏，就是为娘手中的琵琶。"母亲在旁插话道。

天福元年（936），后唐河东节度使石敬瑭反唐自立，向契丹求援，耶律德光（辽太宗）与石敬瑭约为父子，契丹出兵扶持，石敬瑭建立后晋。石敬瑭把燕云十六州（即今北京、天津一带，以及河北北部地区、山西北部地区，包括燕［幽］、蓟、瀛、莫、涿、檀、顺、云、儒、妫［guī］、武、新、蔚、应、寰、朔，共十六州）割让给契丹，契丹坐大。次年，契丹将幽州作为南京，改皇都为上京（今内蒙古赤峰市巴林左旗南波罗城），把原先的南京（今辽宁辽阳）改为东京。往后，契丹遂以大国的姿态崛起于宋之北方。

古语云：失岭北则必祸燕、云，丢燕、云则必祸中原。自此，中原失去了重要的北部屏障，把光溜溜的脊背暴露给北方诸雄，任其蹂躏。

深知其中利害，中原王朝从五代——梁、唐、晋、汉、周的后周世宗柴荣起，便开始了与辽争夺燕云十六州的战争。不过，长期以来，却丝毫未能占上风。

宋立国之后，燕云十六州更是君臣的心腹之患。

太宗初，宋辽高梁河之战，宋军惨败，太宗险些阵亡。自此，宋军便再也不敢进行这般大纵深的军事突破了——多年以后，太宗亦崩于此役之旧伤复发。

真宗继承皇位之后，多采用怀柔退让政策。景德元年（1004），辽萧太后与辽圣宗亲率大军南下，深入宋境。有大臣主张避敌南逃，真宗也想南窜，因宰相寇准力劝，才至澶州（今河南濮阳）督战。战罢，双方于是年十二月（1005年1月）订立和约：辽宋约为兄弟之国，开榷场贸易往来，以白沟河为边界。宋每年送给辽岁币银十万两、绢二十万匹。因澶州在宋称澶渊郡，故史称"澶渊之盟"。

"孩儿，澶渊之盟是宋与辽两国在经过四十余年的战争之后缔结的盟约。是好事，也是坏事。说为好事呢，是因为从此国家太平了，不用再打仗；

坏事呢，是每年都要送岁币给辽人。就好比你整年辛辛苦苦种地，收了粮食，却要送给别人好大一筐，心中始终不舒服。澶渊之盟后，国家安定，圣上欢喜，时逢天降祥瑞，因此改元大中祥符。孩儿便是大中祥符前一年出生的。"

"你父亲去世的时候，没有留下一间房屋和一块土地，用来维持家人的生活。"父亲毕生为官清廉，身无长物，正如母亲对他说的这样。孤苦无依，衣食无着，小欧阳修跟随母亲，一步一回首，离开泷冈（山冈名。在今江西永丰县南凤凰山，欧阳修父亲葬于此），前往异乡，投靠自己的叔叔欧阳晔。

欧阳修没能对母亲解释自己为什么哭。想说自己再也见不着父亲了，管不住自己的眼泪，硬要大哭一场才好受些。又想说看到叔父家中黑压压的一大群人出来站在门首迎接，当场被吓坏。叔父家的房子，显然不如自己家中的看着顺眼；叔父的衣裳，陈旧而不合身；叔父虽和父亲长得像，却没父亲气派。他想了好多种让他哭泣的理由，想得小脑袋发晕，自己也被弄糊涂了。

往后，堂兄、堂姐们却常拿这个见面即哭的"掌故"来笑话他。

"推官是做什么的呢？"过了小半年，他问母亲。母亲默然许久，跟他说道："孩儿，推官，充其量只是个小小的佐吏，都算不上官。即辅助本州主官，管些民间的纷争诉讼，事情多而杂，俸禄又少。"

好半晌，母亲又接着说道："家中这许多人吃饭，孩儿要懂事些，莫要跟人争抢。吃饭时，馒头要让兄长、弟弟先拿。"

母亲秀丽的脸上，仿佛有一层薄薄的轻纱笼罩，看得分明，又不甚分明。欧阳修觉得，出身江南望族的母亲很好看，好看得他甚至有些怕她。他像父亲，长得不太好看。

叔父有四子一女，加上母亲带来的两个孩子、一名女仆，通常吃饭是免不了要抢的。看着母亲日渐消瘦的脸庞，他的眼中泛起了一层水雾，他不知道该做些什么，才能安慰母亲。

随州城渐渐有了秋意。

叔父每日里来去匆匆，除了晚饭时间，难得见上一面。是日因为中秋，饭桌上，格外多了几道菜，还摆放有两盅酒。开饭前，叔父让欧阳修去请他的母亲郑氏来。

男女有别，家中吃饭自然是分桌而坐的。

叔父说："嫂子，弟先以此薄酒敬我那天上的兄长。"说这话时，叔父喉咙哽咽，以袖拭泪。又道："弟失态，嫂子莫怪。"

母亲也取出了锦帕。

欧阳修在旁边，不知为什么，鼻子就有点酸。

叔父说："嫂子，兄弟不才，无大本事，往后欧阳一姓，得靠嫂子多担当。"

郑氏答："女流之辈，有何能耐？"稍停，又说："兄弟，我明白的，小儿的学业，自然不会任其荒废。"

自此，母亲对他要求愈发严格。虽无钱买纸买笔，若是天气晴好，郑氏必带着欧阳修到河滩来，在沙地上，用荻秆教他写字。阴雨时，便让他在家中学诗；当然，还须学琴。

仁慈隐恻，造次弗离。节义廉退，颠沛匪亏。

性静情逸，心动神疲。守真志满，逐物意移。

……

"母亲，这《千字文》易诵易记，意思又好，孩儿极为喜爱呢。"

郑氏回答："这是自然。初学识字的人，谁都喜欢。"

河畔，荻获洁白与浅紫的花穗，在秋风中微微摇晃。欧阳修拿着母亲刚折来的荻秆，不紧不慢，在沙地上写下了浅浅深深的一行行字。

虽无钱买纸买笔，若是天气晴好，郑氏必带着欧阳修到河
滩来，在沙地上，用荻秆教他写字。

少年苦读

随州，城南，李秀才家中。

家贫无钱买书，欧阳修经常到富户李家借书、抄书，和李秀才之子李尧辅结为好友。二人都极喜读书，因此欧阳修几乎天天来。

"是故弟子不必不如师，师不必贤于弟子，闻道有先后，术业有专攻，如是而已。"这是那天在李家书房抄下的韩愈《师说》里的句子，他摇头晃脑，反复念了一早上，越念越喜欢。

房屋窄小，仅有一张旧床。门边置有一简陋白木桌，没有上漆。屋顶很高，透过瓦檐，有阳光照进屋来。这是随州城中某富户一排屋子中预备给下人住的几间，欧阳晔以便宜价格租来，以供家人和欧阳修母子居住。每到晚间，欧阳修便用木板和草席铺成简单"床铺"，睡在母亲和妹妹的床前。他这年十岁了，虽是少年，脸上却带有几分同龄人不具备的刚毅、果敢与自信。

白木桌上，有一些粗纸，两杆陋笔，半锭残墨。

墙上，亦贴着不少粗纸，歪歪斜斜，或大或小的字迹不算隽永。

叔父欧阳晔平日公务繁忙，偶尔也会指导侄儿读书习字。

因家贫，无钱买帖，欧阳晔便自己书写，让欧阳修临。受限于条件，欧阳修的字写得不算好，不过，受叔父影响，他甚为倾慕颜真卿，喜爱颜真卿的书法。

叔父告诉他："颜真卿和侄儿你所钦佩的韩退之（韩愈，字退之）一样，都是唐代了不起的伟丈夫。"

欧阳修说："既然如此，侄儿决定了，往后学书便专学颜真卿。文章做法，侄儿欲学韩退之简劲雄浑。至于诗赋，侄儿不爱杨亿、刘筠的繁复渲染，还是比较喜欢晏元献（晏殊，字元献）的雅丽清新。"

凭着欧阳晔的关系，欧阳修常去随州城大户人家借书来读。一卷在手，便不分昼夜苦读。为了节省灯烛，他很少点灯，通常鸡叫三遍即起，天黑依然在心中不停记诵。读书时，他常将喜欢的词句抄下来，贴在墙上，反复琢磨。接触到的书中，他最爱读史。《史记》叙事之波澜壮阔，《汉书》文赡而事详，《三国志》人物、议论精彩动人……他不但逐一精读，倾心的章节，朗朗而诵，直至全部背得。

是春以来，借得李秀才家所藏几册《唐书》残卷来读，却独独不见其中有颜真卿卷。怅叹许久，他十分不满《唐书》叙事粗糙，文字浅陋，材料拖沓，就想："以后若是有机会，我也要来修一部史书。"

作文时，他特别喜欢用简练的语言，把一件事情讲清楚。这一路走来，虽是自学，并无老师，只得叔父偶尔指导，但他心中极有主张。前人文章，他最爱韩愈，将叔父教给他的几篇韩愈的文章一遍遍抄写，贴在墙上，一篇篇研究、背诵，探寻其章法结构，遣词造句。

"嫂子请不必担忧家贫子幼，侄儿乃奇才！他不仅志向远大，气魄宏伟，且有常人不具备的毅力和坚韧执着。侄儿定可光耀我欧阳一族，他日，必将闻名天下。"有一天，天寒地冻，无钱买炭，家中几乎断炊。郑氏想着自己命苦，幼儿柔弱无依，不禁坐在廊下哭泣。欧阳晔默默走来，递过几个温热馒头给嫂子，说了以上言语安慰她。

欧阳修废寝忘食，专心读书，渐渐地，十里八乡，声名传了开去。一年春夏之交，乡里两名年届中岁的秀才，一王姓，一李姓，自觉腹中多诗书，有些见识，结伴前来探访欧阳修，其实是想比试高下。二人下船登岸，见河滩上大片梅林，几株枇杷点缀其中，美景清幽，清爽宜人。李秀才停步吟道："一株枇杷树。"王秀才悠然对曰："两个大丫杈。"

没等第三句说出口，梅林之中，一个悠长童音清脆应答："未结黄金果，先开白玉花。"

两人大吃一惊，举头望去，见一少年双腿晃荡，坐于林中老梅之上，正摘青梅吃呢。走近身去，王秀才问道："少年，有无兴趣与我二人对诗？"少年点了点头。

王秀才："河岸一群鹅。"李秀才："嘘声赶下河。"

少年答道："白毛浮绿水，红掌拨清波。"

两名秀才呆立，半晌无言。少年问："两位贵客将往哪里去呀？"

李秀才："二人同上舟。"王秀才："去访欧阳修。"

少年拍手笑道："修已知道你，你却不知修（羞）。"

英雄出少年，自此，在随州无人不识欧阳修。

功名初著

　　欧阳修走出大殿，走下台阶，抬头看天。

　　断续下过几场雨后，白云堆里漏出的天格外蓝。

　　此时的他，浑身轻松，只想回到馆舍中，在书枕里，做个香甜的梦。

　　八年了，整整八年，从参加乡试的第一天起，在科举考试的羊肠小道上来来去去，这已经是第几个来回？他已经没有力气，或者说没有心情再去计算。

　　他这年二十四岁了。从出生时起，便注定了只有一条路可以走，那便是科考，不达目的决不罢休。

　　这是八年之内欧阳修第二次到京城参加考试。之前两次科考不中，要是换作别人，恐怕早已垂头丧气。可他却看似越战越勇，并无半点沮丧，这是为什么？

原来他的性格中有一些与众不同之处，便是无论做什么事，如同出征的战士一般严阵以待，心无旁骛全力以赴，结果如何，交给上天。如果考不好，自然是考题或考官有问题，错不在他。这样想，他立马将不快活的记忆抛到九霄云外去了，继续埋头苦读。"人生自是有情痴"，在随州，出身贫寒的欧阳修受人排挤，李尧辅之外，几乎没有朋友。他甘居陋巷，敝衣草履，箪食瓢饮，很少跟人交往，除了读书，还是读书。沉浸在书本的世界里，却也并不觉得孤单。

他就不信，凭自己的用功，凭自己的满腹诗书，会考不中进士？

天圣元年（1023）秋，十七岁的欧阳修以秀才资格参加随州州试。本次考试题目是《左氏失之诬论》，这对自幼精读《左传》的欧阳修来说可谓小菜一碟，他拿到试卷，不假思索，一挥而就。但是，最终却落榜了。因为他答卷中的句子虽好，韵脚却超出了官韵的规定范围。

三年后的秋天，二十岁的欧阳修再次走入考场，终于如愿以偿，顺利通过了州试，获得参加第二年春礼部会试的资格。

　　主持是年礼部考试的主考官是著名的西昆派领袖之一的刘筠，他对文章的要求是：华丽、华美，整齐、整洁，对仗工整。内容无所谓，但形式上一定要好看。欧阳修的结局可想而知。

　　这年春试未过，晚间榜发，站在东京街头，欧阳修的心中多少有些难过。望着京城繁华，百感交集，淡淡忧伤涌上心来。他想起了读书以来许许多多的艰辛，想起元夜街头，见到的那个格外美丽的卖花女，不知今夕她在何方？轻声吟道：

　　　去年元夜时，花市灯如昼。月上柳梢头，人约黄昏后。　　今年元夜时，月与灯依旧。不见去年人，泪湿春衫袖。（《生查子二首》其一）

　　身后一个声音赞道："士子高才。"
　　欧阳修转头苦笑："谢先生。却是考不中呢。"

此人说道："算甚？士子若是空闲，请到舍下一叙。"

长者名胥偃，字安道，潭州长沙人，进士出身。胥偃时为汉阳军知军，写得一手好骈文，这回进京，参加朝廷的选调考试。

随后，欧阳修跟从胥偃前往汉阳，并呈《上胥学士偃启》，拜入胥偃门中，请求老师指点。

天圣七年（1029）春。

从胥偃学习了一段时间后，欧阳修自觉长进不小。胥偃除严格训练其时文的作法，耳提面命之外，又在经济上多加资助。因胥偃已进入朝廷为官，更于是年保举欧阳修就试国子监广文馆。同年秋天，欧阳修参加了进一步的国学解试。他在广文馆试、国学解试两场考试中均取得第一，又在次年春的礼部省试中再获第一。

愿望即将达成，欧阳修开始骄傲自满。他自觉在随后到来的殿试中，自己必定能得到圣上垂青，勇夺状元。看着自己身上寒酸的穿着，很不像样，遂倾囊而出，请裁缝做了一身新袍子，准备殿试时穿。与他在广文馆同吃同住同学的英俊少年王拱寿，这年十九岁，也顺利通过礼部试，获得殿试资格。是日晚间，王拱寿穿上欧阳修的新衣服，得意嚷嚷："我穿状元袍子啦！我穿状元袍子啦！"欧阳修笑眯眯看着他。

东京，皇宫。天圣八年（1030），三月十四日。是日，由仁宗赵祯主持的殿试在崇政殿举行，二百多名考生鱼贯进入。

皇上唱出了前三，却没有欧阳修的名字。他感到疑惑：我不是礼部省试第一的吗？他随即走出队列，大声报出自己的姓名，以提醒皇上注意。

按宋例，考生在殿试时，若感觉皇上唱出排名与实际不符，个人有委屈，可以当场举手发问，并不违礼。

皇上看了他一眼，继续唱名。

他才走出宫门，就看到老师胥偃站在门首等他。

问：如何？

答：尚可。

师生二人满脸含春，一前一后走到廊间，等着

　　欧阳修走出大殿，走下台阶，抬头看天。白云堆里漏出的
天格外地蓝。

接下来的鹿鸣宴。

是日结束的殿试，王拱寿果真被仁宗钦点为状元，并赐名王拱辰。

欧阳修被仁宗唱为二甲第十四名，赐进士出身。

这场科考的主考官，即知贡举者，为欧阳修同乡、江南西路抚州人晏殊。

欧阳修身旁，一同等待鹿鸣宴，高中二甲第十名的，为福建路兴化军（今福建莆田）仙游人士，名叫蔡襄，字君谟。

清瘦的蔡襄见到同样清瘦的欧阳修，微微点头致意。

胥偃生怕自己一向看重的欧阳修在"榜下择婿"的时风中，被其他高官看中并抢走做女婿——其时，朝廷官员往往在新科进士中，挑选优秀士子做女婿，说是挑选，其实等于是抢。谁下手快，眼光准，自然谁家女儿得好处。王拱辰就被参知政事薛奎抢走为二女婿了。胥偃笑眯眯问欧阳修，你往后就给老夫做女婿吧？

欧阳修大喜过望，拜倒在地：谢过岳丈大人。

搁浅东京

这是欧阳修离开洛阳，到东京就任的第三年，时任馆阁校勘的他请求朝廷下旨，允准自己离开东京，贬官地方。

他对朋友说：我这回算是跟高若讷杠上了，请你们谁也别拦我。又强调：谁也拦不住我！

说这话的时候，他的神情决绝，心中却有万般滋味。毕竟，他前年才从洛阳经选调进入馆阁。这由地方进中央，不脱几层皮，恐怕办不到。先得经驻地长官考评推荐；接着通过初选考试；进入京城，再考一回。

只不过，京城再怎么好，再怎么值得留恋，欧阳修想着，我也不想再待。是呀，范仲淹（字希文）已先行离开了，我还赖在东京干什么？

再说，古往今来，皇上最忌讳什么？那就是朝廷官员"结党"。

明道二年（1033），刘太后驾崩，仁宗赵祯得以亲政。

整整十四年了！皇上十三岁登基，刘太后把持朝政，说一不二。皇上一直未能做主，就连选皇后，也完全不能由着自己喜欢。到如今虽亲政三年，却处处受制于人。朝堂上下，以吕夷简所领，全是旧人。这回范仲淹上疏，说来说去，还不是为皇上着想，为社稷担忧。欧阳修说："想想，皇上还不如我等臣下自在呢。臣下可以拍拍屁股走人，皇上却是不能够。皇上就快二十七岁了，这还得受吕夷简老奸的蒙蔽。"

刘太后虽多年来一直秉政，却不是仁宗的生身之母。刘太后本名刘娥，出生微贱，真宗少年时与其相识，接入府中。真宗本不是皇长子，世事难料，竟然做了皇上。真宗继位后刘娥入宫，起先没有名分，终究封了美人。出身名门的郭皇后去世，真宗不顾朝臣反对，册立业已升为德妃的刘娥为皇后。随着真宗年岁渐老，身体多病，刘皇后逐渐把持朝政。刘娥不会生育，将李才人（临终封为李宸妃）之子赵祯作为己出，并嘱托杨淑妃用心，二位娘娘共同抚育其长大。一直瞒着赵祯，不让他知道。

李宸妃薨（hōng），刘太后欲以寻常妃嫔礼仪葬李宸妃，吕夷简私下里禀告太后，往后若想保全刘氏一族，一定要厚葬李宸妃才是。

年初，吏部员外郎、权知开封府尹范仲淹不满宰相吕夷简把持朝政，培植党羽，任用亲随，无所作为，向仁宗进献《百官升迁秩序图》，并用手指着给皇上看，像这样的晋升，是循序升迁；像那样的遽然晋升，是不合次序的提拔。如果说这些循序升迁是出于公道，那么，那些不合礼制的遽然提拔，便是出于丞相的私意了。他劝说皇上制定良好的用人制度，"亲自掌控"官吏升迁之事。——范仲淹将这四个字的用笔着意加粗。吕夷简不甘示弱，反讥范仲淹迂腐，诬蔑范仲淹"越职言事，勾结朋党，离间君臣"。范仲淹连上四章，论斥吕夷简狡诈，因言辞激烈，被罢黜，出知饶州（州治在今江西鄱阳）。

他人眼中的"范党骨干"秘书丞余靖（字安道）上疏为范仲淹求情，遭贬官筠州（今江西高安）监盐酒税；太子中允尹洙上疏自讼与范仲淹是师友关系，愿一起降官贬黜，将往郢（yǐng）州（今属湖北）任酒监；馆阁校勘欧阳修不甘其后，写了一封信给谏官高若讷，即《与高司谏书》：

> 足下诋诮希文为人，予始闻之，疑是戏言；及见师鲁，亦说足下深非希文所为，然后其疑遂决。希文平生刚正，好学通古今，其立朝有本末，天下所共知。
>
> ……
>
> 昨日安道贬官，师鲁待罪，足下犹能以面目见士大夫，出入朝中称谏官，是足下不复知人间有羞耻事尔。所可惜者，圣朝有事，谏官不言而使他人言之，书在史册，他日为朝廷羞者，足下也。《春秋》之法，责贤者备。今某区区犹望足下之能一言者，不忍便绝足下，而不以贤者责也。若犹以谓希文不贤而当逐，则

予今所言如此，乃是朋邪之人尔。愿足下直携此书于朝，使正予罪而诛之，使天下皆释然知希文之当逐，亦谏臣之一效也。

前日足下在安道家，召予往论希文之事。时坐有他客，不能尽所怀。故辄布区区，伏惟幸察，不宣。修再拜。

用今天的话讲来，这封信是这样的：

足下诋诮希文为人，我刚听说，还以为是戏言；后来听尹师鲁讲来，方知确是真的。全天下的人都知道范仲淹刚正、好学，博古通今，立身朝廷始终如一。

昨天，余安道被贬了官，尹师鲁也被审查，你还有脸出来见人，还敢说自己是个谏官，可见你是真不知道人间还有羞耻二字了。可惜的是，朝廷上的这些事，谏官不说真话，反倒由不相干的人（譬如在下）来说，这要是记录在史册上，以后饱受批评的，就是你了。按照《春秋》微言大义的传统，越是贤人就越要严格要求。我现在是怀着一线希望，盼着你能说句真话，不想现在就跟你绝交，想把对你的更高要求说清楚。如果你还是觉得范仲淹是个坏人，就该处分，那我今天就把话撂这里，我跟范仲淹是一党的。你可以直接拿着我的信去见皇上，让皇上定罪杀了我，让天下都知道范仲淹就该被处分，你也算是干了一件谏官该干的事。

前两天你在余安道家，叫我过去谈论范仲淹的事。当时在场的还有别人，我没法把想说的话全都说出来。所以就写了这封信，你自己看吧。不多说了。修再拜。

此文一出，朝野震动。

回家，跟母亲说起，将贬往夷陵（今属湖北宜昌）小地方去，对不住老人家的殷殷厚望。母亲却说，怕啥？孩儿自小到大，也不是没吃过苦。

景祐三年（1036），五月，东京。

因欧阳修作书痛斥高若讷，力挺范仲淹，为官开封府，原本与范仲淹不和的欧阳修恩师、前岳父胥偃和他不再来往。

本以为一辈子的恩情，本以为此生此世不会暌离，罢了，罢了。缘尽，只好放手。

欧阳修到洛阳担任西京推官年余，便失去了他的爱妻胥氏。

二十四年苦读，终于得登科第，刚刚可以安稳度日，可以让娘亲过上好日子，不幸骤然而至，让他猝不及防。本以为见过苦难，历过艰辛，宠辱不惊，事到临头，还是忍不住夜夜泪湿衣襟。今夜南风吹客梦，清淮明月照孤舟。唉。那时候，母亲和妻子才刚接到洛阳他的身边没多久呢，十七岁年纪笑靥如花的妻子便不幸产后因病夭亡，永远离开了他。"昔作树头花，今为冢中骨"，人世间，没有什么比这更为残酷的了，幼儿嗷嗷待哺，娘亲却已不在。

一年以后，迫于情势，欧阳修续娶集贤院学士杨大雅的女儿为妻。未料，十个月之后，杨氏又因病去世，年仅十八岁。

自此，欧阳修不敢再提娶妻二字。他人说合，也只是摇头不言。他觉得自己命硬，怕再次克死别人家的好女儿。

这日余靖离京，得到消息，欧阳修欲在城郊为他饯行，骑马赶到，却扑了个空，余靖的轿子早上便已出城，此时怕是到了南京商丘界。天欲晚，欧阳修决定顺道拐去蔡襄城郊小屋坐坐，喝口香茶，跟朋友发几句牢骚，以为告别。

"我几人这就甩手走了，不知圣上往后朝中该指望谁？吕夷简老奸，朝廷及地方官员都听他的。圣上这才亲政不到三年，往后时局会怎么样，真是让人十分担心。"

又高声安慰自己说："不在其位，不谋其政。"

蔡襄静静点茶，没有插话。

欧阳修好友，在京待选的蔡襄因反对吕夷简排挤打击范仲淹、欧阳修等，作《四贤一不肖》组诗。蔡襄诗好，书法亦好，温雅秀丽，气格高华，写成之后，京城争相传抄，据说，竟被在京辽使传入辽国。"四贤"为范仲淹、尹洙、余靖、欧阳修，"不肖"自然指高若讷。蔡襄在诗中称赞欧阳修说："帝图日盛人世出，今吾永叔诚有望。"

"国家需要人才，永叔，你却要走了。"蔡襄停下手中茶盏，轻声说道，"人生正如兄所言，聚散苦匆匆。"

夷陵磨砺

　　欧阳修遭贬夷陵，带着母亲和妹妹一同前往，本可走陆路，他却改走水路，溯流而上，兜个大圈子。走了小半年，从晚春走到初冬，这才到达夷陵。

　　到夷陵不久后的某日，回想起走在路上，"触目凄凉多少闷"，欧阳修难免要吟它一首，以安慰自己受伤的心：

　　　　春风疑不到天涯，山城二月未见花。

　　　　残雪压枝犹有橘，冻雷惊笋欲抽芽。

　　他还是不肯就此死心。

夷陵是时归硖州（北宋神宗元丰年间称峡州）管辖。

古语云"水至此而夷（平坦），山至此而陵（丘陵）"，有山有水，故名夷陵。这是长江边的一个小县城。

欧阳修于景祐三年（1036）十月二十六日顺利到达夷陵，老朋友朱庆基正在这里等着他来。朱庆基时任硖州知州。

朱庆基早早就在州府东为欧阳修修建了一座房舍，新房虽不比东京住所，却让人有绝处逢生之感。欧阳修把这座居室命名为"至喜堂"，又作《夷陵县至喜堂记》，感谢老朋友，真实记录夷陵的人情风土以及地形地貌等情况："硖州治夷陵，地滨大江，虽有椒、漆、纸以通商贾，而民俗俭陋，常自足，无所仰于四方。贩夫所售不过鯈（sù）鱼腐鲍，民所嗜而已，富商大贾皆无为而至。地僻而贫，故夷陵为下县，而硖为小州。"

初来乍到，已是晚秋初冬。驿码头石级陡且曲；绕城江岸，除驿码头外，再无固定的泊舟地点。巴（四川东部、重庆一带）、湘（湖南）、楚

（湖北）等地商用之大小舟船，零乱停泊。船上装载的都是山货土产，较多的有花椒、生漆、硖州纸、粳稻米、茶叶、柑橘之类。这个"县楼朝见虎，官舍夜闻鹃"的荒邑小县，四周无城墙，没有成形的街道，道路又窄又脏，车马不能通行。市面多是小摊小贩，不见大户商贾。百姓生活艰难，嗜好腌鱼。住房窄小，一堂之中，楼上住人，楼下养猪。

虽是个小县城，但整日里喧嚣吵闹，打官司的人特别多，因此欧阳修时常忙碌无休。

每当他有所懈怠，总要想起母亲曾经对他说过的父亲为官的点点滴滴。

判官，主要职责便是断案。你父亲生前，经常在夜里点着灯看白天未看完的案卷。有一日半夜，他多次放下手中案卷，长长叹息。我问他为什么，他回答说，这是一个判了死罪的案子，我想为他求得一条生路却办不到。我问，还可以为死囚找寻生路吗？他说，我想尽力去做，若是为他寻求生路却无法做到，那么，死者和我也都没有遗憾了；再说，万一替他求生路而又办到了呢。正因为从前有人请求而使罪犯得到赦免，我才想，如果我不认真推求，被处死的人便可能会有遗恨啊。我经常为死囚求生路，还不免错杀；偏偏世上总有人想枉置他人于死地……他回头看见奶娘抱着你站在旁边，指着你叹气道，有人说我遇上戌年便会死去，假使他的话应验，我就看不见儿子长大成人了。将来你要把我的话告诉他。

想着父亲，欧阳修的眼泪流了下来。他决心好好做官，不枉读书一场。面对夷陵"官书无簿籍，吏曹不识字"百废待兴的局面，他更加勤奋工作。他一一取出县衙架阁上的陈年公案，反复研判。见到的枉直乖错的案子，不计其数。这些时候，他常常掩卷叹息：以夷陵荒远偏小之地尚且如此，天下之大，更不可想象。

到夷陵来，也不全是闹心事。公余，这个山环水绕的偏远小城带给他许多惊喜，满足了他的两大爱好，那就是收纸、玩砚。

宋代以前，硖州就开始生产纸和砚，欧阳修在京师任职时早有耳闻。那时，他与三司官员交往密切。三司为朝廷掌管盐铁、财赋税租、户口田簿的

想着父亲，欧阳修流下了眼泪。他决心好好做官，不枉读
书一场。

重要部门，在宋代，三司使的地位仅次于宰相和枢密使。三司印发公文、户籍、田簿等，都离不开纸张。但所用纸张，全由蒲州（今山西永济）供给。

在三司任职的好友告诉欧阳修，三司用遍天下纸张，独硖州纸不易朽损，经久耐用，到夷陵去，可多收些峡州纸带回来。

硖州近山又邻水，竹木茂盛，造纸业兴盛。宋初，夷陵就有许多家造纸作坊，专门生产竹纸。即以竹木取其纤维，煮沸捣烂，和成黏液，匀置漉筐，板结成膜，稍干后再用石碌压制而成。欧阳修用过硖州纸后称赞："夷陵纸不甚精，然最耐久。"并向朋友大力推荐。

某日，书写时，他不小心将使用多年的南唐歙（shè）州砚折损一角，深感痛惜。这方南唐歙州砚，是他刚中进士那年，在东京城从雅好金石的一位朋友那里得到的。当时，欧阳修看见这"四方平浅"的砚石，石料上乘，制作精良，爱不释手，便以文为润笔，跟刘敞置换到手。自此砚石每日陪伴案头，从未稍离。那时，他们二人都不知道此砚是宝贝。而今欧阳修将它带到夷陵来，经凿砚老者识别，才知道是珍贵的南唐砚。

夷陵这地方多的却是大沱石砚。惋惜之余，欧阳修购回一方大沱石砚使用，用后称赞说，归州大沱石，它的颜色青黑，上面有斑斑纹路。纹理微粗，却颇发墨。归、硖人把江水称为沱，所以大沱石就是指江水中的大石头呀。

二砚在手，颇感惬意。欧阳修又写信向朋友们推荐大沱石砚，认为这是难得的上天赐予宋人的瑰宝，应该引起重视。

除了努力审案，为他人平反昭雪，欧阳修还积极推行州守朱庆基的政策，在城区植树，在山上造林。拆茅屋，建瓦房，人畜分居，厨房与谷仓分开，改变简风陋习。

欧阳修不改每日读书、写作的良好习惯，辛勤工作之余，开始了他从小发愿的修史之路，即着手重修《五代史记》。他认为，以前薛居正主修的《五代史》条例不清，叙事冗杂，若要使其成为好的史传，需要大量删减。他经常写信与尹洙讨论相关问题。

他深入民间，了解民情，解决问题，处理吏事渐趋老练。他查访到夷陵本地有一位叫何参的居士，家住县舍西，好学，多知荆楚事，便和他交上了朋友，不时访问："荆楚先贤多胜迹，不辞携酒问邻翁。"又从史料中发现唐代书法家颜真卿于大历元年（766）曾被贬为硖州别驾，与他目前处境一致，政治地位也大约相当。颜真卿曾为官欧阳修故乡庐陵郡，做过抚州刺史，造福江南西路。这令欧阳修欣喜不已，详细记录在案。

总之，夷陵的点点滴滴，从金石碑刻到山水人物，再到百姓的一粥一饭，他都甚为关心。大好山川，使他的胸腑开张，不再为一己之私而痛心疾首或终日萦怀。

欧阳修两度丧妻之后，虽好几年未娶妻，但迫于生活压力，还是未能免俗。是年春，即景祐四年（1037）三月，他告假前往许昌续娶前参知政事薛奎（时已去世）的第四个女儿薛氏为妻。婚后不久，薛氏随欧阳修来到夷陵。

有趣的是，欧阳修同榜状元王拱辰，之前娶了薛奎的二女儿为妻，其妻不幸亡故，他又娶了薛奎的小女儿。这下，二人成了连襟。欧阳修作诗打趣他："旧女婿为新女婿，大姨夫作小姨夫。"

景祐二年（1035），欧阳修的妹夫张龟正卒于湖北襄城。由于妹妹年纪甚轻，无所依托，便携张龟正前妻所生孤女归养于兄长欧阳修家。景祐三年（1036），欧阳修遭贬，妹妹亦随欧阳修一同前往。妹妹寡言少语，足不出户，一心照料母亲和欧阳修已故胥氏所生的儿子。

不幸的是，欧阳修儿子体弱多病，没两年便夭折了，这让欧阳修很是伤心。

景祐四年（1037）夏，欧阳修叔父欧阳晔去世。欧阳修遭贬，叔父生前未能尽孝，唯有黯然前往吊唁，略表情意。

是年十二月，诏令欧阳修移光化军乾德（今湖北老河口）县令。

庆历新政（上）

地方为官几年之后，欧阳修又回到了东京。

这天，在宫殿门口遇到范仲淹，欧阳修感觉有些意外。感到意外的原因，是平日里根本见不着他。范仲淹太忙了，日日里皇上都要召见一两回。

这是到京以来，二人首次相见。范仲淹却要走了。

"欧阳永叔，你发愿修史，是件大好事。要修出一部可以传世的五代史记，让后人知晓失去燕云十六州的切肤深痛。今辽人不服，西夏崛起，我辈岂能缩手袖间？"

说完这几句话，范仲淹拱手与欧阳修作别，带着一阵风，急急忙忙走了。

欧阳修随众人目送范仲淹的轿子远去，心中却是百般滋味。沉沉叹道，正如范大人所言，自古治世少而乱世多。我欧阳修一定重修一部五代史记，以警诫世人。

康定元年（1040），夏初，欧阳修被召回京，复任馆阁校勘，编修《崇文总目》。

馆阁，即朝廷三馆昭文馆（掌详正图籍，教授生徒）、集贤院（收藏典籍）和史馆的合称。通俗地说，就是宋朝全面掌控国家文化、教育工作的重要部门。

日日校书修史，做自己喜欢的工作，欧阳修深感惬意。

他终于离开偏远之地，重新回到中央了。

他回到朝廷，国家却不太平。

燕云十六州失去之后，中原王朝没了北方屏障，一再受到胡人骚扰、欺凌。从前契丹不可一世，当今西夏又成为宋朝君臣的心腹之患。

宝元元年（1038），党项族人李元昊在多年的准备工作完成之后，悍然称帝，建国号为大夏（史称西夏），定都兴庆（今宁夏银川），与宋的外交关系正式破裂。次年（1039）底，为逼迫宋朝承认西夏的地位，李元昊率兵进犯宋之边境，并于康定元年（1040）正月，在三川口大败宋兵（三川口之战），集兵于延州城下，准备攻城。消息传至京师，朝野震惊。

三月，因边事吃紧，仁宗以范仲淹众望所归，召回京师，命其为天章阁待制，出知永兴军（治所在今陕西西安）；又因丞相张士逊荐，下诏令多名在外人员回到馆阁，充实中央。

范仲淹和欧阳修一前一后到京。范仲淹这才待了不到半个月，就匆匆离开京师，前往西北。

范希文襟怀洒落，高才大德世所共仰。办学治国，文事武功，从来堪为我等楷模。我欧阳修再怎么着，不过就是比别人多读了几本书。从前我也曾跟随岳父大人学射箭，学得一点皮毛，无大能耐，只好放弃。

想着这些，欧阳修差点走到阴沟里去。

范仲淹回京，有人提议他用欧阳修为军中掌书记，欧阳修却不愿意。我因范希文而贬，岂能因范希文东山再起而用？再说，区区文员，岂是鸿鹄之志？

塞下秋来风景异，衡阳雁去无留意。四面边声连角起，千嶂里，长烟落日孤城闭。

浊酒一杯家万里，燕然未勒归无计。羌管悠悠霜满地，人不寐，将军白发征夫泪。

吟罢，欧阳修说道，这范仲淹大人《渔家傲·秋思》，写尽边地秋色，正是《诗品》钟嵘赞《古诗十九首》之"文温以丽，意悲而远，惊心动魄，可谓几乎一字千金"。

晏殊看了欧阳修一眼，悠然说道，诗余，还是咏闲情最好。边地苦寒，难免使人卧不安席，食不甘味，心摇摇如悬旌。

欧阳修站起，又坐下。他没再开口，看着天空飘下的雪花，重重叹了一口气，饮下一盅酒。

是日，自早上起，东京城便纷纷扬扬飘着大雪，枢密使晏殊置酒于西园，欧阳修等前来拜望老师。众人饮酒赏雪，顺便吟上几句以助酒兴。

因心忧天寒，西北边患未除，欧阳修感念范仲淹以及前方士卒艰辛，即席赋《西园贺雪歌》，首句即是"阴阳乖错乱五行，穷冬山谷暖不冰"。才一吟出，周围人交头接耳，随之一片寂静。欧阳修又吟："寒风得势猎猎走，瓦干霰急落不停。恍然天地半夜白，群鸡失晓不及鸣。"王拱辰摇头连连："不吉，不吉。"欧阳修接着再吟："晚趋宾馆贺太尉，坐觉满路流欢声。便开西园扫径步，正见玉树花凋零。"前苦后欢，正成鲜明对照。

待他吟出最后几句："主人与国共休戚，不惟喜悦将丰登。须怜铁甲冷彻骨，四十余万屯边兵。"意思是说，作为朝廷重臣的晏太尉你不能一味在这里烤着炭火，饮着美酒，安然欣赏雪景呀，你更应胸怀天下，和国家休戚与共，想着边关戍卒的冷暖才是。

晏殊听着，当即脸上就有些颜色，不过却没说什么。这下，欧阳修又吟范仲淹《渔家傲·秋思》，晏殊才轻描淡写，借题发挥，说边关苦寒不堪入诗。不过，响鼓不用重锤敲，欧阳修知道自己严重得罪老师了。

席散，晏殊轻声对人说了句："昔日韩愈也算能作诗，每赴裴度会，但云'园林穷胜事，钟鼓乐清时'，却不曾如此作闹。"

没过多久，欧阳修好友蔡襄亦到京，进入馆阁。

是日，欧阳修前往蔡襄府中拜会好友，也是想着蔡襄所点的好茶，没想到王拱辰亦在。

十多年宦海风云，已经把王拱辰从当年那个让欧阳修羡慕嫉妒的英俊少年，那个被皇上钦点状元而觉得自己不配，只不过运气好、之前恰巧复习过皇上所出考题的羞涩的十九岁青年，历练成为一个中年成功人士。

王拱辰其实原先并不叫王拱辰，本名王拱寿，是年状元及第，深得仁宗赏识，遂赐名拱辰。

陛下，微臣不配为状元，请您把状元判给高才欧阳修吧。

陛下，微臣亦是十年寒窗苦读，做梦都想中状元。可是此次考试的题目，不久前微臣恰好做过，所以被选上状元实为侥幸。如若微臣默不作声当上状元，便是不诚实之人。从小到大，微臣从未说过谎话，不想为了当状元，就败坏自个的节操。

仁宗听他这样禀告，下旨说：此前做过考题，是因为王生好学深思，况且从文章中可以读到，王生所议所论不与凡俗，理当为状元。再说，敢于说真话，能够诚信做人，这才是我大宋堂堂状元该有的品质。学子的诚实比学子的才华更为可贵，因此，朕今日钦点王拱寿为状元，并赐名王拱辰。子曰："为政以德，譬如北辰，居其所，而众星拱之。"望王拱辰往后，以己所学，拱卫君王，归附四裔。无须再要推辞了。

就这样，王拱辰一考成名，以貌以口才以运气，完胜卷面成绩第一的欧阳修，成为天圣八年（1030）人人皆知的状元。

王拱辰是年更升为翰林学士，知审官院。

欧阳修说："老相吕坦夫（吕夷简，字坦夫）因病力请致仕，恩师元献公今任枢密使掌管军事，甚有建树，国家之福。"

王拱辰道："政事我只服吕宰相。"

欧阳修看他一眼，没说话。

"范仲淹行事，风驰电掣，不计后果，从前便是如此。权知开封府时，与永叔岳丈胥大人时起争执，并因此结怨，说来说去，都是二人不知忍让。

世间事，中庸最难。这一点，君谟比我二人做得好。"看蔡襄静静点茶，王拱辰又说。

欧阳修冷笑一声，站起身来："啥中庸不中庸的，我是不懂。我只知道西夏李元昊若来，便是大军压境，风驰电赴。五代梁唐晋汉周，播乱中原五十余年，殷鉴不远。"

见二人僵持，蔡襄岔开话题，问道："永叔自景祐中，着手所修之五代史记，而今进行得如何？"

欧阳修道："虽难，却是如此令人十分向往的一件事情呢。若能完成，某不枉此生矣。"他微微笑了，清瘦而特别的让人过目难忘的脸孔，不改激昂，神色却渐渐庄重。

"君谟，我预备专以一至二卷记载契丹因何而兴，因何强悍。以警示后人，前事不忘，后事之师，不可轻视边地。"

蔡襄道："最是应该。范希文等在前线亲力亲为抗击西夏；永叔以笔作枪，警醒后人，文治武功，不可偏废。"

因未采纳范仲淹坚壁清野战略，好水川之战惨败，大将任福战死，宋军元气大伤。八月，李元昊陷丰州（今陕西府谷西北），并继续侵扰宋之边境州府，西夏愈发得寸进尺；十月，宋修河北诸城凡二十二州，以备契丹。好在有陕西四路经略安抚招讨使夏竦（sǒng）、副使范仲淹和韩琦西北并肩作战，宋方渐渐稳住阵脚。

不日，仁宗下诏，于是年，即康定二年（1041）冬月（农历十一月），改元庆历。

庆历新政（下）

新春有新气象。接下来的几个月，仁宗与大臣们多次前往天章阁观书，谒太祖、太宗御容，观瑞物。而在天章阁接见大臣，垂询御边大略、军政要务，自此成为有宋一代君王对大臣的最高规格的礼遇。

相伴左右的，自然是范仲淹、韩琦、富弼、欧阳修等两府三馆人员。

两三年间，夏竦主持西北防务，多有失误，李元昊屡屡进犯，洋洋自得。随后，范仲淹、韩琦等领众巩固营地，严阵以待。多次交战，李元昊未能占到便宜。

李元昊终于发现范仲淹文武兼备，在他主持的积极防御战略中，西夏再也无法先声夺人。况且这个对手，先天下之忧而忧，不贪财不怕死，几乎没有什么弱点可供利用。

宋军进一步加强关中驻防，李元昊逐鹿中原梦碎，加之连年交战，边贸关闭，族人抱怨，只好向宋求和。

庆历三年（1043），春。

为进一步采纳良言，监督上下，仁宗钦点欧阳修、余靖、王素三人为谏官，随后不久，在几人推荐下，又增补蔡襄，时称"四谏"。

四月，吕夷简罢相。仁宗调整了宰执班子，原枢密使兼同平章事章得象和晏殊同为宰相。宋夏息战，边境安宁。

八月，枢密副使范仲淹接受参知政事任命。九月，仁宗颁布手诏，钦点新提拔的范仲淹、韩琦和富弼条陈奏闻可以施行的"当世急务"。数日之后，范仲淹呈上《答手诏条陈十事》。着手改革，施行庆历新政。以其《答手诏条陈十事》为标志，吏治改革全面铺开。不想，此政一出，触动许多人的利益，到庆历四年（1044）初，便出了差池。

那么，范仲淹这《答手诏条陈十事》说的什么？为什么有人要反对？

范仲淹所条陈的十件事，一曰明黜陟，二曰抑侥幸，三曰精贡举，四曰择官长，五曰均公田，六曰厚农桑，七曰修武备，八曰减徭役，九曰覃恩信，十曰重命令。内容大致可以归纳为整顿吏治、发展经济和加强军备三个方面。总之，这是一场以吏治整顿为中心的牵涉国家方方面面的全面革新。

文件好拟，推行却难。围绕着"条陈"，赞成的，反对的，光朝廷上，就分为水火不相容的两派。加上夏竦等在外围煽风点火，情势渐渐复杂。

庆历三年（1043）九月，仁宗更赐知谏院王素三品服，余靖、欧阳修、蔡襄五品服。面谕曰："卿等皆朕所自择，数论事无所避，故有是赐。"意思是，你们都是我亲自选拔的，好好给我尽监督的职责，知无不言，勿须隐晦。今日待遇给你们，干得好，往后什么也都好说。

自此，在范仲淹领导下，几名谏官更是意气风发，一天不上个好折子就睡不着觉。

比如，短短几月间，欧阳修就连续上疏，弹劾不作为、不检点官员十余人。

时间一久，问题来了——人多势众，必然引发围观。木秀于林，风必摧之；堆出于岸，流必湍之。内以王拱辰，外由夏竦所领，屡屡上疏弹劾这群人"结党营私"。

作为君王，仁宗最忌恨臣子拉帮结派，以权谋私，架空朝廷，架空自己。当年，范仲淹和余靖、尹洙、欧阳修等人，不就是因为攻击吕夷简，而被指斥为朋党遭贬的么？宝元元年（1038），仁宗还下了"戒朋党"的诏书警醒这些臣子。

是日，朝堂上，"范党"干将欧阳修义愤填膺，将晚间奋笔疾书而成的《朋党论》呈上仁宗。发声为范仲淹、为他们这群"新党"成员辩护：圣上，请一定要明辨兴亡治乱之迹，以为镜鉴——

"以之修身，则同道而相益；以之事国，则同心而共济，终始如一，此君子之朋也。"

用这些来提高自身修养，那么志趣一致就能相互补益；用这些来为国家做事，那么同心同德就能同舟共济，始终如一，这就是君子之朋党啊。

国子监直讲石介，见到范仲淹《答手诏条陈十事》，欣喜若狂。他认为大展宏图、报效国家的时候到了，遂赋《庆历圣德颂》，赞革新派，贬保守派，指斥反对革新的夏竦等人为大奸大恶。石介的行为使保守派衔恨在心，自此，新旧两党成为不共戴天死敌。

庆历四年（1044）三月，石介得韩琦推荐进入集贤院。夏竦为解切齿之恨，便从石介开刀，打击革新派。他命家中女仆模仿石介笔迹，伪造了一封石介写给富弼的信，内容为革新派欲废掉仁宗另立新君。

仁宗虽不信，下诏贬斥夏竦等，但范仲淹感觉山雨欲来，心中难安，遂请求外放。仁宗未许。六月，边事再起，范仲淹一再坚决请行，仁宗遂命其往西北宣抚陕西、河东。

唉，事已至此，还能说些什么呢？范仲淹想到一年来新政难以推行，遇到的种种阻力与无奈，深深低下了头。

由庆历三年（1043）八月到庆历四年（1044）九月底，历时年余的庆历新政草草收场。

新政失败的原因，归结起来主要有三：一是

利益集团的阻挠，二是"朋党之争"，三是无序推进，急于求成。

以其中最为关键的保守派攻击范仲淹等人结党营私而言，恰好是仁宗最不愿看到的，因此新党成员时刻战战兢兢，无法专注于改革。"朋党"之所以被当作利器，引发仁宗的反感与猜忌，是因为"朋党"一旦形成，会危及皇权，触犯皇室的核心利益。

在官场久了，虽是同学，彼此间亦渐渐分出了亲疏，分成了各自的"派系"。

欧阳修同榜状元王拱辰，而今就和吕夷简走得近。也是，谁能没两个朋友呢？何况官场上，没有后台结局往往凄惨。

这回，为庆历新政画上句号的，却是范仲淹学生、杜衍（刚任宰相）女婿、欧阳修好友苏舜钦（字子美）。

又到了秋燔（fán）祭神的日子，按例，国家重大节庆，朝廷两府、三司、三馆及下属机构均要组织会餐及娱乐活动。有进奏院属员跟刚履新不久的苏舜钦建议：年年均是老一套，属员都腻了，能否安排出去玩玩？苏舜钦"从善如流"，说既然出去搞，就要吃好喝好玩好。

苏舜钦下令把进奏院成堆的废稿纸、旧信封、没发出去的廷告、残损的积压多年的文件等当废纸卖了。贵族出身的苏舜钦很是大方，自己又掏了十两银子添上。

有钱好办事。进奏院群众娱乐活动在东京城顶级酒楼"樊楼"隆重举行，请来了歌姬舞女弹琴唱歌，陪酒伴舞。到场十几人均放开来吃喝玩乐。王益柔借着酒劲作《傲歌》一首，日"醉卧北极遣帝扶，周公孔子驱为奴"，大言狂放，将孔子、周公和皇上挨个戏谑。深夜，好多人趴的趴、醉的醉，酒量惊人的苏舜钦精神正好，正吩咐车马把醉倒的送回家，该撤的撤，该睡的睡……

忙乱间，御史中丞王拱辰带着一群人，拿着仁宗的手谕来到，把这帮"好汉"一网打尽，全部请到了御史台。

十多名参加者统统受到责罚，其中包括苏舜钦好友梅尧臣。苏舜钦受到的处分最重，被开除公职，"永不叙用"。

苏舜钦道："永叔、君谟，舜钦这就别去。往后，于东京城再喝不到君谟所点香茶，亦无法再与永叔馆阁中谈诗论书矣……此回言官咄咄逼人，当然并非是为了区区苏舜钦，还不是冲着范大人及我家岳丈而来。"

欧阳修道："子美敬请见谅，此回进奏院公款私用，非是欧阳修不愿相助，实是不能。"

苏舜钦大笑："永叔如此说，便是小瞧了苏舜钦。"

范仲淹走了，苏舜钦走了，晏殊女婿富弼出任河北宣抚使，接下来轮到欧阳修了。

醉翁亭记

时间走得飞快，转眼间，欧阳修来到滁州，已近一年。

庆历五年（1045），欧阳修以右正言、知制诰贬知滁州军州事；好友蔡襄以右正言、直史馆外放福州。梅尧臣则依旧辗转地方为小官。

去之前，欧阳修与好友蔡襄依依惜别。蔡襄说："这样也好，永叔啊，你我二人可以安心到地方去为百姓做事了。"

欧阳修则说："君谟，我虽个性疏放不羁，但百姓冷暖，焉能不顾？我去滁州，将奉行老子无为而治。宽简为政，办事循人情事理，不求博取声誉，只要把事情办好就是。"

这回离开，虽不到四十岁，欧阳修却已仿佛衰翁残年。矮小瘦弱的身材，撑不起宽大的衣袍；须发已现花白，没余几根黑的。前路茫茫，进退失据，心内如捣，好不容易熬到夜深才合眼，五更时分却又被孤雁的哀鸣惊醒，再难入眠。

时乖运舛，好多事情还没来得及做，远大抱负尚未实现。"官居处处如传舍，谁得三年作主人"，现今又要到滁州作客了。

滁州地处江淮之间，四围环山，形势险要，既是淮南屏障，又是金陵前卫，不论北伐南征，都是兵家必争之地。日常里，这里却十分安静。地僻民安，官闲事简，带给他好多的惊喜，这不正是他梦寐以求的最佳居住之地么。交通闭塞，人来稀少，却不乏山肴野蔬，鱼藕鸡豚；佳泉美酿，清风明月，使他沉醉其间。

是日，欧阳修又一次醉倒了。

这是到滁州以来，他第十八次喝醉。前些日子梅尧臣还写信来劝他要振作起来，丢官遭贬不算什么，不要再借酒浇愁；又咏诗《寄滁州欧阳永叔》，一再表明内心深处对他寄予的厚望，赞他

"君才比江海，浩浩观无涯"，劝勉欧阳修今后当"不书儿女书，不作风月诗"，襟抱不妨更开些阔些："安求一时誉，当期千载知"。字里行间，欧阳修读到的是梅尧臣谆谆告诫的一片苦心。

欧阳修回信说：呵呵。诗老，您过虑了。

梅尧臣这年四十五岁。他近些年来诗名渐起，人又勤勉，加上朋友间多相鼓吹，虽无功名，却是渐渐德高而望重。而今欧阳修将其尊称为"诗老"。

诗老，我要告诉你："醉翁之意不在酒，在乎山水之间也。"请放心，我很好，其实真没什么。人生起起落落，世间潮来潮往，实属正常。告诉诗老一句心里话吧，来时秋水长天，两岸柳黄霜白，北雁南飞，舟行摇摇，我可能心中还有委屈。今夜月白风清，我却早已放下，再没有什么，比自然四时更让人欢喜的了。

滁州西南诸峰中最美的一座山，便是琅琊山。东晋元帝司马睿登基前封琅琊王，坐镇建康，曾避难于此。山中流泉，为唐人李幼卿所凿。李以太子庶子来任滁州刺史，宽仁有政绩，州人爱戴、感念，遂将该泉命名为"庶子泉"。唐代著名书法家李阳冰因之以篆书书写《庶子泉铭》，数百年来，为士人所激赏。

自年轻时起，欧阳修就特别喜爱金石碑铭，若有条件，便要拓它几张收着。朋友们也都知道他这个爱好，在外地做官，常为他拓些碑石拓片寄来，他都仔细收好。闲时拿出把玩，细加考订，记下笔记。欧阳修一直想看李阳冰篆书《庶子泉铭》真迹石刻而不可得，这次天赐良机，来守滁州，他当然要来会一会庶子泉和泉旁的这块碑刻。

是日，走到山间，问泉在哪里？僧人指着一口大井说，这里便是庶子泉，铭文刻石也都还在。得睹真迹，欧阳修欣喜异常。更使他激动不已的是在铭石之侧，意外地发现了李阳冰的另外十几个篆字，比铭石文字更显高妙。欧阳修徘徊其下，反复观赏，久久舍不得离去。

他感叹说道："山之奇迹，古今纪述详矣，而独遗此字，予甚惜之。"为介绍和称颂新发现的稀世珍宝，他写下一首《石篆诗》，曰："其人已死骨已朽，此字不灭留山隈。"他将诗和篆字拓本附上，分别寄给远方的两位好友梅尧臣和苏舜钦。

当然，还要寄给福州蔡襄，虽然他在诗中并没有提及。

不远处，隔山相望，是他初夏为百姓修建的丰乐亭。

一天，他在州衙聚会僚属，刚好蔡襄从福建路寄给他的新茶送到，他很高兴，差衙役到琅琊山中取水煮茶。衙役取得水，却不慎在途中泼洒，回去再取，时间来不及，匆忙间灌了些路边山泉回来交差。欧阳修煮好茶，尝了一口，便知这根本不是让泉水，可这水亦十分甘醇，别有佳味。就问，从哪里取的。衙役据实以告。于是欧阳修令他带路，领座中多人前往寻访。这一找，不但找到丰山之间"山势一面高峰，三面竹林回抱"的幽谷，还探到幽谷中的泉源，"泉上旧有佳木一二十株，乃天生一好景也"。欧阳修令人在这里疏泉凿石，为甘泉建筑了一座亭子；又在亭边，植上了贬知扬州的韩琦寄来的十种芍药种子，欲为这新开辟的百姓游玩之地更添美景。他还为亭子取了个好名字"丰乐亭"，并带出一篇精彩好文——《丰乐亭记》。

"红树青山日欲斜，长郊草色绿无涯。游人不管春将老，来往亭前踏落花。"是的，乐山水之胜，继而乐年之丰，乐民之安，这便是欧阳修为政地方的夙愿。他更要写信告诉梅尧臣。

金秋，与丰乐亭一山之隔的新亭建成，他为其命名曰"醉翁亭"。

"峰回路转，有亭翼然临于泉上者，醉翁亭也。作亭者谁？山之僧智仙也。名之者谁？太守自谓也。"

这天，琅琊山让泉之上，欧阳修同寺僧智仙对弈，棋盘是一块巨大的石头。

观战之人围了一整圈。突然，天降大雨，浑然不觉的两名弈棋者和众多观棋者，瞬间被淋得浑身湿透。身旁竖着柴禾的樵夫快言快语："欧阳使君，小的建议大人在此建座亭阁。"

欧阳修对智仙笑道："民意不可违，和尚你就筹资建亭吧。"

亭子建成，却无合适名字。欧阳修在此宴请众人，已有七八分醉意，上茅房时不免东倒而西歪，自称"醉翁"。他吩咐随从拿来笔墨纸砚，"醉翁亭"三大字一挥而就，以作匾额。随后又写下《醉翁亭记》，抄贴滁城六大门楼，恳请民众提供建议以备修改，再行刻碑立于亭右。

夕阳西沉，樵夫赶来建言：使君所写，开头这山那山，实在有点啰嗦，虽然写了我滁州不少山名，但仍有许多山头没写全。

欧阳修大笔一挥，将开头一段全都划掉，大书五字："环滁皆山也"。

"至于负者歌于途，行者休于树，前者呼，后者应，伛偻提携，往来而不绝者，滁人游也。"

欧阳修来到滁州，行宽简之政，讲求实效与实惠，将滁州治理得井井有条。他关心民瘼，与民休息，百姓安乐。他兴修水利，建城市排水系统，上书请求减免赋税，整顿吏治……方方面面，有所成就。"风霜冰雪，刻露清秀，四时之景，无不可爱"，他对自己的政绩，满意点头，又喝下一口美酒。

山、鸟、人、泉、亭，仿佛都已醉倒，静静听他呢喃——

"小邦为政期年，粗有所成。"他仿佛面对

面，在跟好友梅尧臣汇报成绩，诉说衷肠。

是的，就在这天，生活于偏僻乡间的几名农妇，不辞辛劳，携子女远涉近百里山路，前来瞻望老州守的醉颜："亭前伫望，良久不去。"

"宴酣之乐，非丝非竹，射者中，弈者胜，觥筹交错，起坐而喧哗者，众宾欢也。"他举起酒杯，又喝下一口。

与吏民宴游，熙熙然而乐，并不意味着我欧阳修仅只是平易近人的一个官，更不意味着我欧阳修仅只是一个光知道喝酒的醉汉。诸位，若是为官地方，没有业绩，没有乐民之乐的大襟抱、大愿景，还做官干什么呢？

他举起杯，对着清风明月，更是对滁州百姓说道，请不要感谢我，我欧阳修来到滁州，无论对百姓做了什么，都是应该的。这不正是为官的天职吗？来来来，诸位，亭前百姓，乡间父老，请一起，干了这杯酒吧。今日，应是我欧阳修举杯谢滁州。滁州浑朴宁静的乡野，安放欧阳修的魂灵，安慰欧阳修的寂寞；滁州秀丽的山野林泉，冲淡欧阳修的乡愁，修炼欧阳修的内在。水流云起，鸟鸣花

新亭落成，欧阳修命名曰"醉翁亭"。是日，欧阳修正与
智仙对弈。

放，滁州淳美的风物与人情，让我欧阳修，放下小我，站在"醉翁亭"之上，审视当下，审视将来，审视生命的意义。

嘉祐贡举

嘉祐二年，即公元1057年。

不光是这一年，在往后的许多年里，欧阳修对自己以翰林学士知贡举主持这一届科考，为国家选得这么多优秀人才，或者说，在有生之年，能有幸遇到这么多出类拔萃的人物，令之济济于一堂，而感到十分欣慰。

历时将近两个月的锁院，把他给憋坏了。

是日散朝，他欲找梅尧臣来，问问这眉山考生苏轼《刑赏忠厚之至论》里面皋陶和尧的对话，究竟典出哪里。

好友梅尧臣于皇祐三年（1051），在地方为小官多年以后，始得进京，经仁宗召试，赐同进士出身（相当于授予名誉学位），为太常博士。又因欧阳修等推荐，为国子监直讲；是年，即嘉祐二年（1057），因郊祀加恩，迁尚书都官员外郎，故世称"梅直讲""梅都官"。

此次科考，梅尧臣为参详官，专门负责点检试卷。

欧阳修想着，可能是自己上了点年纪吧？是的，他这年五十一岁了——竟然记性这么差，过去可是一向自负读书千卷过目不忘的呀。

坊间甚至传言，这苏轼实在才高，高到连主考官欧阳修也分不清到底是谁写的文章了——欧阳修暗自断定这张卷子是他的门生、江南西路同乡曾巩的，为了避嫌，竟然特意判为第二。

唉，他们怎会知道，欧阳修哪有这么大的能耐呢？历代状元，都是由圣上钦点的呀。

再说，他就是吃了豹子胆，也不敢拿这样的事开玩笑。

任何朝代、任何国家的考试，制定游戏规则、追求相对公平之外，便是要严防死守，杜绝作弊。

宋代采取主考官负责制，这名主考官，叫做知贡举。此外，还有几名辅助官员同知贡举，或者参详官等负责出题、评卷。这个团队，从共同担任科考大责那日起，便实行"锁院"制，就是关起来，不许与外界接触，不准回家，历时大约五十天。如果考官家中有亲属参加考试，得另行找地方监考、改卷。考完后所有试卷密封，再请专人抄誊，字迹基本统一，评卷官无法判定是谁的卷子。又集中改卷，分组讨论，最后评定成绩。

似天衣无缝，却还是有人钻空子。比如，拿钱找人代考，夹带小抄等，不一而足。

但无论如何，这些只是个别考生的个别行为，相信从古至今，罕有主考官胆敢以身试法，拿自己的身家性命开玩笑。

总而言之，科考是由国家提供的、社会底层的人向上流动的重要通道。宋初，有个人名叫张雍，因契丹入侵家乡，沦为乞丐，流落他乡，在洛阳街头靠乞讨为生。太祖开宝六年（973），乞丐张雍科考及第，从此改变命运。

此番贡举，状元由仁宗钦点，为福建浦城人章衡。本科所取之士三百余，除苏轼、苏辙兄弟二人之外，还有江南西路曾家兄弟四人，以及曾巩妹夫王无咎、王几，同一家族共六人同举进士，传为天下美谈。

曾巩为江南西路建昌军南丰人，十八岁时（景祐四年）随父赴京。二十岁入太学，上书欧阳修并献《时务策》。曾巩为人深沉老练，颇得欧阳修赏识，欧阳修叹其文才：曾巩这学生，往大里说，超出一般人许多，小的方面也是中规中矩。无奈曾巩和其师欧阳修当年一样，擅长策论，轻于应举时文，故屡试不第。此番欧阳修知贡举，坚持以古文、策论为主，诗赋为辅命题，曾巩得以与其弟曾牟、曾布及其堂弟曾阜同登进士第。

可惜了，这次科考，洛阳程氏兄弟，只中了一个程颢，程颐却是不中。否则，更是要令世人惊叹不已。欧阳修轻轻叹了口气。

宋初，结束五代多年战乱，天下承平，由杨亿、刘筠、钱惟演等馆阁中人倡导的"西昆体"大行其道，文风奢靡，无语不骈，无文不偶，看似绮丽，实则空洞。

欧阳修却自小喜欢韩愈文章。在他看来，韩文气势沛然，内容丰富，见解独到，言简意赅，从不无病呻吟。他而今有了话语权，更是意气风发，准备大干一场。为矫正"西昆体"流弊，他力倡"古文"，亲自校订从随州李家所得韩愈文集，并刊行天下。一再强调"事信言文"。按今天的话讲，就是作文必须言之有物，内容要真实，语言要有文采，形式和内容，应力求完美统一。

欧阳修知贡举，在京都国子监学生中大力宣讲自家主张，鼓动考生作质朴晓畅的古文。并明确指出：凡内容空洞，华而不实，或以奇诡取胜之作，概在屏黜之列。

这次录取苏轼兄弟，他感觉十分满意。这苏轼文章，就是他理想中的文章该有的样子，可谓天时地利人和，来得正是时候。苏轼虽未夺魁，但文章已遍传天下。

欧阳修长舒了一口气：苏轼他写得多好呀，文章不长，却是新意迭出，没有一个字是废话。

为匡正文风，树立新风，他付出了不小的代

价，遭受许多人身攻击，有明的，有暗的。

譬如，被视为"太学体"领袖的贡生刘几，曾几次跟他在国子监辩论，可谓目无尊长，相当过分。这喜欢怪诞文风的刘几，敏捷有才学，在国子监中经常考第一。人聪明，不免自大，总喜欢标新立异，行文爱用险怪之语博人眼球，以求轰动效应。很多读书人追随他，竞相仿效，以用语险怪为时尚，险怪文风渐渐养成，号称"太学体"。

只是刘几这回来错了地方，偏偏撞在欧阳修的枪口上。欧阳修既然决定以端正文风为己任，这些"妖魔鬼怪"便要倒霉了。

作为主考官，最终审卷、评定成绩，欧阳修越改越生气。因他发现了一份卷子里满篇皆是无法容忍的装神弄鬼的奇谈怪论："天地轧，万物茁，圣人发……"欧阳修哈哈大笑，拿着卷子对考官们说道：这一定是刘几的杰作！老夫真想一把火烧了它才好！说罢，在试卷后戏续了一句：秀才剌，试官刷（剌，是违拗、别扭的意思；刷，就是将你刷掉）。

然后欧阳修展开试卷，用一枝大号朱笔将试卷从头至尾一口气抹下来，谓之"红勒帛"，就是用红笔通篇涂抹。又在空白处批了一个大大的"谬"字，并命人把这份卷子张贴在试院门口告示栏里，以示惩戒。

　　事后一查，这份被欧阳修刷掉的卷子，果真是刘几的。紧接着，很大一批作文毫无内容、玩弄辞藻的考生也都被刷了下来。出榜之后可就热闹了。这批怪诞写手聚在一起，连续好多天，等着欧阳修早晨上朝时，百般辱骂。

　　有人甚至扬言，如果我在街上遇到欧阳修，或是在歌楼瓦子里见到，必要拦住他的轿子，揪他下来，狂揍一顿。

　　他唾面自干，默默承受。是歪风或者清风，他都不在意，让时间吹走一切，解决一切争端。

　　晚上，到了梅尧臣家，他问梅尧臣苏轼文章到底怎么回事。梅尧臣大笑不止。永叔呀永叔，你我都老矣！苏轼文章哪有什么用典，分明就是他苏子瞻私下里杜撰的。

欧阳修听闻此言，神色大变，这苏子瞻，果真木秀于林，实是千古奇才。

回到家，思来想去，意犹未尽。又提笔给梅尧臣写了封信，命小厮送去。信中说：

我读苏轼的文章呀，不觉大汗冒出来，真是痛快呀！我当避让路，放他出人头地。可喜呀可喜。

校书修史

    仁宗嘉祐四年（1059），五十三岁的朝廷重臣、翰林学士欧阳修辞去权知开封府尹职务，专心著述。

    星月皎洁，明河在天。欧阳修铺纸研墨，给他远方的朋友蔡襄写信，告诉这位理财能手，鉴于国家财用匮乏，缺乏理财能臣，我再次上疏，向皇上推荐你，回朝担任三司使。

    生命和季节，都到了秋天。

    秋声浩荡，一如当年，他再一次提起笔来。

    字体端丽、瘦劲，正如他颔首微笑的样子：清瘦的面容，长长的胡须，个子不高却脊背挺直。岁月的磨炼，给这名已愈天命之年、相貌并不出色的男子，增添了许多沧桑感，更刻写上几分刚毅果敢。

他深知自己说错一句话，做错一件事的影响。而今言行愈发谨慎，举止愈发庄重。就像前些时日，有官员到家里来，请求他题字，遭他拒绝。我的字并不好看，若是利用职权，四处题字，白纸黑字，留下"罪证"，将来只会贻人笑柄。

皇上仁宗亦到了不惑之年。

仁宗自幼心地仁慈，对待臣下，爱多于严。有一日，中夜饿醒了，想吃羊肉，却只是穿衣叹息，没有惊扰臣下。亲政以来，由于连年与西夏的战事，又得防着辽人，日理万机，不得休息。好在有一批能干臣子，譬如外有夏竦、范仲淹、韩琦，内有欧阳修、蔡襄、包拯等尽力辅佐，总算渡过难关。

不过，国家受此重创，终究不容易很快康复。国家经济困难，仁宗却苦于朝中无理财能臣统领财政。

欧阳修这时在翰林院，主要主持《新唐书》的修撰工作。

五代时后晋，有一本官修《唐书》（即《旧唐书》），是晋高祖石敬瑭命臣下所修。因为五代离唐亡不远，所以《唐书》史料丰富，卷帙浩繁。

但修史难，修一本好的史书更难，难在哪里呢？一是怕史料匮乏，这方面《唐书》幸好不缺。二是怕史料庞杂，年代跨度大，要将这些千头万绪的材料整理出纲目，就相当不容易。三是修史之人的见识、眼光，以及胸襟等，缺一不可。前四史（司马迁《史记》、班固《汉书》、范晔《后汉书》、陈寿《三国志》）成绩摆在那里，要超越很难。四是文笔，要简洁不晦涩，详略得当，更要吸引人，又不可有违史实。

仁宗对《唐书》十分不满，认为其"纪次无法，详略失中，文采不明，事实零落"。庆历四年（1044），下诏重修。

为什么仁宗，或者说国家要重视修史工作呢？首先，文明须有传承。要知晓从古到今，政治、经济、文化，以及典章制度的方方面面。二是知兴替。任何历史走向，即君臣行事之始终，都有其前因后果。为什么唐朝会灭亡？为什么后来五代战乱？为什么宋太祖偃武修文？这些全都有迹可循，宋代人需要知道。三是通过史书，可以学习、了解曾经发生的既为偶然、又为必然的历史事件。历史不会重复，但在一定程度上是相似的，如果了解历史，今天发生的某些和历史相近的现象，就可以预测其本质和发展趋势，规避缺点与遗憾，即明晰治乱兴衰之迹，帮助决策层作出正确决策。总之，有了史书，可以供世人从历史中汲取经验、教训，认真而充满兴趣地学习历史，看问题会比无知之人透彻、清晰，这就是历史给人的智慧，所谓读史使人明智。

若是战乱，修史很难；若是国家人才匮乏，也无人修史。

任何事情，都要等到能够完成它的人出现。现在，这个人，或者说这群人，出现了。

重修《唐书》的人员，为朝廷馆阁中的多位饱学之士，其中最重要的便是欧阳修和宋祁二人。

宋祁，字子京，雍丘（今河南商丘）人，莒国公宋庠（字公序）之弟。宋祁与兄长宋庠为天圣二年（1024）同榜进士，并有文名，时称"二宋"。

至和元年（1054）七月，仁宗催促众臣"速上所修《唐书》"。为与《唐书》区别开来，遂将其命名为《新唐书》。《新唐书》所依据的唐人文献及唐史著作均审慎选择，删除其中的谶纬怪诞内容。

草稿初成，呈仁宗御览。仁宗审阅之后，发现这部史书出于多人之手，体例与文采均不尽相同，于是令欧阳修主持，删改润饰为一体。

在欧阳修统筹全稿的过程中，他发现"列传"部分的主笔宋祁，总喜欢用些生僻字眼。

从年龄、资历上说，宋祁乃欧阳修的前辈，欧阳修不便当面说他，只好委婉讽劝。某日晨，欧阳修在史馆门上张贴八个大字："宵寐非祯，札闼（tà）洪休。"宋祁来到，端详半天，终于点头笑着说："不就是一句俗话'夜梦不详，题门大吉'嘛，至于书成如此么？"欧阳修笑道："我是在模仿您修《唐书》的笔法呢。您所书'列传'，连'迅雷不及掩耳'这句大白话，都要写成'震霆无暇掩聪'。"

宋祁历时十余年完成"列传"部分，于嘉

祐三年（1058）交齐稿子。欧阳修虽一直未曾懈怠，但至和元年（1054）才由地方调到朝廷任翰林学士，主持修史工作，等到他写定"本纪""赞""志""表"，以及各部分的"序"，已是嘉祐四年（1059）年底的事了。

跨过年去，嘉祐五年（1060），由枢密使曾公亮挂名主编、欧阳修主修、宋祁主笔的历时十七年的二百二十五卷编年体官修《新唐书》全部完成。曾公亮上仁宗皇帝表言"其事则增于前，其文则省其旧"，认为这是本书胜过《旧唐书》之处。《新唐书》纪次得当，叙事简练，文情并茂，于体例上更首次增加《兵志》《选举志》等，系统论述唐代府兵等军事制度及科举制度。《新唐书》由欧阳修完成的志，相当精彩，比如《兵志》附以马政，原有的《天文志》和《历志》篇幅超过《旧唐书》三倍。新书载有文武百官的俸禄制度，为旧书所无。又有屯田、边镇、和籴等，皆旧书所无。《新唐书》又恢复立表，新增《宰相表》《方镇表》《宗室世系表》《宰相世系表》。历代官修正史，表多缺略。

就整个《新唐书》的纂修而言，应当说，历时十七年的修史工作，前十年以宋祁为主编修，后七年欧、宋共同"刊修"。

以欧阳修远祖、大书法家欧阳询传中两则为例，我们来看看新旧《唐书》的遣词用句的区别：

《旧唐书》——

虽貌甚寝陋，而聪悟绝伦……高祖叹曰："不意询之书名，远播夷狄，彼观其迹，固谓其形魁梧耶！"

《新唐书》——

貌寝侻（tuì，丑陋），敏悟绝人……帝叹曰："彼观其书，固谓形貌魁梧邪？"

意思是说，欧阳询长得丑，却非常聪明。唐高祖李渊叹息说：没想到他的书名远播夷狄。你看他的书法，一定会以为他是个高大魁伟的人吧？

对于欧阳修倾慕的颜真卿的书法成就，新旧《唐书》都只有寥寥几笔。《旧唐书》仅用三个字写他:"尤工书。"《新唐书》说颜真卿:"善正、草书,笔力遒婉,世宝传之。"用了区区十二个字。因为列传部分不是欧阳修主笔,所以他不便置喙。不过,在自己文章中,他多次盛赞颜真卿,这样评价:"颜公书如忠臣烈士,道德君子,其端严尊重,人初见而畏之,然愈久而愈可爱也。其见宝于世者有必多,然虽多而不厌也。"

最后,《新唐书》署"欧阳修、宋祁撰",被后世奉为二十四史之一。

参知政事

　　嘉祐六年（1061），欧阳修担任参知政事（副宰相），辅佐首相韩琦。他身上的担子更重了。

　　这天，欧阳修的学生苏轼、苏辙兄弟二人同来拜望恩师，苏轼眉飞色舞，给欧阳修讲了一个笑话。

　　庆历八年（1048），四十二岁的欧阳修离开滁州，移守扬州。到扬州后不久，欧阳修看中城郊蜀冈中峰大明寺西侧的一块地，便命属下在那里修建了一座楼宇。这所房屋因所踞地势甚高，天气晴好，江南诸山尽在槛前，因而欧阳修为其命名曰"平山堂"。堂前，他还亲手植下了一株柳树。

八年之后，嘉祐元年（1056），欧阳修好友刘敞，调任扬州知州。

刘敞世家出身，学识淹博。欧阳修在史馆主持校书修史时，每有疑问，便要写封书信派人送与刘敞求教，刘敞挥笔作答，从无拖延；又因欧阳修喜爱金石碑帖，刘敞亦喜收藏，正是此中方家，欧阳修更不时向其请教。

听说刘敞要去扬州，欧阳修为好友设宴，一是想要表达自己的感激之情，二是他感念多年不得见的平山堂前，自己昔日种下的柳树恐怕早已成荫？因此即兴赋成一首《朝中措》以送刘敞。词曰：

平山栏槛倚晴空，山色有无中。手种堂前垂柳，别来几度春风？　　文章太守，挥毫万字，一饮千钟。行乐直须年少，尊前看取衰翁。

"文章太守，挥毫万字，一饮千钟"，得到欧阳修这样的称赞，刘敞内心欢喜，不必细表。

此词一出，看热闹的，抬轿子的，不服气的，各色人等，纷纷登场。

有人说，化王维诗句"江流天地外，山色有无中"可说无痕，欧阳学士大手笔。

有人说，平山堂前柳，而今当地人将其称为"欧公柳"。种棵柳树都能使之成名，能做到的也只有欧阳修了。

有人说，明明第一句是"平山栏槛倚晴空"，既然晴天，哪来"山色有无中"？应该改为"山色分明中"。欧阳修必是眼神不济。

欧阳修听学生苏轼讲来这些，哈哈大笑。抹髯说道："也没错，老夫而今五十五，实是年老眼花喽。"

在扬州，欧阳修依旧如同在滁州一般，施行宽简之政，安民不扰。要说欧阳修这人嘛，外表刚强，行事刚猛，为人不知转弯抹角，内心却十分柔软。加之母亲时常在身旁唠叨，要他仿效父亲，断狱务必从宽，犯下死罪的，只要没有杀人，在法律允许的范围内都不执行死刑。他后来移知颍州亦是如此，施行一系列宽政爱民之策，赢得百姓交口称赞。

知扬州时，入夏，欧阳修每携客人至平山堂

中，必派人采来荷花，插到盆中。请客人手捧荷花相传，传到哪位，哪位就摘掉一片花瓣，摘到最后一片时，须饮酒一杯，作词一首。

风雅如此，往后，好多人便拿欧阳修词句"文章太守，挥毫万字，一饮千钟"来赞他。

苏轼说："如果作诗，句句求真，连老师您化用前人诗句都不明白，还谈什么'平山栏槛倚晴空'？"苏轼时站时坐，说话间，头巾一扬一扬。

其弟苏辙稳重坐着，微微含笑，未说话。

苏轼兄弟走之前，欧阳修赠别二人："以言被黜，便是忠臣。你二人而今正式走上仕途，要记住，宁鸣而死，不默而生。读书为官，要有担当，不能做缩头乌龟，不可作戚戚之文。"

苏轼将离京外任；苏辙请求在京侍养父亲，获朝廷恩准。苏轼是日来，便是向恩师欧阳修辞行的。

本年，二十五岁的苏轼和二十三岁的苏辙兄弟二人经欧阳修推荐，参加制科考试，即通常所说的"三年京察"。苏轼入第三等（一二等为虚设，三等即为第一），其弟苏辙为四等。苏轼为"百年第一"，授大理评事、签书凤翔府判官。

欧阳修和韩琦日理万机，不得闲暇。另一宰辅富弼丁母忧，返乡居丧。

是日韩琦告病，散朝，仁宗让欧阳修留下。

见欧阳修盯着桌上自己所书、若干张的大字"褒忠之碑"看，仁宗说道："执中不欺骗朕。"

欧阳修看着圣上，目光温和明净。想说圣上也不容易，又得有能干的臣下辅佐，又得防着太能干的臣下；想对臣下讲两句知心话，又不可能对臣下讲什么知心话。可他终究什么也都没说。

陈执中曾先后两次为相，逝后谥为"恭"，世称陈恭公。桌上"褒忠之碑"，便是仁宗为嘉祐四年（1059）离世的陈执中所赐御笔。陈执中素来不喜欧阳修，其知陈州时，欧阳修自颍州移南京应天，路过陈州，前去拜望，陈执中拒而不见。后来欧阳修还朝做翰林学士，陈为首相，欧阳修遂不造其门。

因政见不同，欧阳修屡屡上疏弹劾陈执中。陈执中遭贬罢相，出知亳州，仁宗命欧阳修为其拟官诰。陈执中心想：完了，不知这下欧阳修会将我写得多么不堪。等他拿到制词，定睛一看，见上面写

　　欧阳修看着圣上，目光温和明净。想说……可他终究什么
也都没说。

有骈对一副："杜门绝请，善避权势以远嫌；处事执心，不为毁誉而更守。"——陈执中这人呀，远避权势，守身如玉；不以物喜，不以己悲。陈执中这下大大惊喜，说老天爷啊，就是跟我从小一起长大的、相交甚深的人都不能完全了解我的这些优点，怎么他欧阳修会懂得？我恨不能跟这个人早些相交呀。陈执中将欧阳修所拟任命书"复制"下来，送给他的幕僚，说，好好看看，学学，无论为文为人。

仁宗递过一本奏章给欧阳修，命他，这是知谏院司马光上疏请求早立储君的奏议，请爱卿酌情处理。

为继嗣问题，司马光前后向仁宗上奏疏百余份；而首相韩琦，却是历年来催促仁宗立储君最为急切的一位。

仁宗赵祯虽亲生过儿子，却未成年而早夭，因虑及身后恐无子继承大统，因而景祐二年（1035），年近而立的赵祯将堂兄濮安懿王赵允让第十三子，时年三岁多的侄子赵宗实接入皇宫，交给曹皇后抚养。

宝元二年（1039），仁宗次子赵昕（豫王）出生，赵宗实遂离宫回到生父赵允让身边。

后来，两名儿子又尽皆早夭，仁宗却不着急了。眼看着圣上身子一日不如一日，臣子们心急如焚，无计可施，只好一再上疏。

是日得到仁宗所交代令中书省议定立储大事，欧阳修打算去集贤院，找王安石谈谈，将命他来起草这个文件。

他和王安石相识于早年，欧阳修那时尚在馆阁。学生曾巩随他读书，向他推荐江南西路同乡、抚州临川人王安石，说这是一个难得的人才。

王安石作为学生，谦虚，又桀骜不驯。

初见，他便对欧阳修侃侃而言："老师，学生以为，写文章是要让人看明白的，不是为了让人看不明白而玩弄辞藻，故弄玄虚。简明，扼要，斩钉截铁，为文为人当如此。"

欧阳修深深记住了这个名字。

翰林风月三千首，吏部文章二百年。

老去自怜心尚在，后来谁与子争先。

临别，欧阳修赋诗以赠。

王安石回到家，亦郑重其事写诗谢老师厚爱："他日若能窥孟子，终身何敢望韩公。"老师，将来我若是能够初窥堂奥，懂得一点学问，也始终不敢跟韩公相比啊。他将欧阳修比作韩愈一样的道德君子、文章宗师。

欧阳修对门人笑道："王介甫理解错我的意思了，我诗中用典，乃指谢朓为尚书吏部郎，沈约写信给他，夸赞谢朓诗文，说二百年来无此作也。如果是韩吏部，那到现在何止二百年呢？"

当即有人传话给王安石，意思是嘲笑王安石，说你读书不精，才疏学浅哪，竟然不知沈约之语而误读欧公之句。王安石笑道，欧公谬也。学生自然知道老师最爱韩吏部。又轻轻说道，昔日孙樵上韩愈书，即有"二百年来无此文"的称颂之语，莫非欧公不知道耶？自古及今，惯称韩愈为韩吏部，称谢朓为谢吏部者绝少。摇头叹曰：欧公读书，未臻化境；儒者泥古，不知变通。非治世之能臣也。

年初，欧阳修一再向韩琦举荐王安石，王安石目前直集贤院、知制诰。

临走时，仁宗对欧阳修说道："欧阳爱卿，富爱卿不在朝廷，朕欲为国家选择一名做宰相的人才，请爱卿说几个名字来听听。"

　　欧阳修说："托圣上洪福，国家人才济济。微臣以为，三人具宰相之才：吕公著、司马光和王安石。"

　　仁宗说："吕公著，不是老相吕夷简的儿子么？"

　　欧阳修说："正是。"

集古出新

转眼，已是嘉祐八年（1063）秋，一群人正聚集室内谈话。

蔡襄赞道："永叔而今笔墨，多了些金石之气。"

欧阳修没有答话，只是深深叹了口气。

欲取鸣琴弹，恨无知音赏。新书写成，可是他的几位挚友，谢绛、尹洙、梅尧臣，却再也见不着了。

人生得一知己足矣，更何况同时得到三五个？

他又深深叹了口气。

谢绛善评文章；尹洙辩论精博；梅尧臣诗歌，"有宋第一"。三人皆是世间难得的君子。每当欧阳修有点好事情，譬如像今日，《集古录》书成，三人必定欢呼雀跃，比自己家中有了喜事还要高兴。他写成新作，这几人必争先伸纸疾读，常常将他文章中的深意广而告之世人；读他的文章，时有新见，对好些道理的阐释发扬更是连他自己都未曾想到。

"友直友谅友多闻。我与永叔，又何尝不是一辈子的朋友？"见欧阳修不说话，蔡襄望着他的眼睛，轻声说道。蔡襄而今主管财政，为朝廷三司使。

最近，新皇英宗又给参知政事欧阳修压担子，命他提举三馆并秘阁写校书籍，全面主持国家文化工作。

欧阳修整日忙碌，不得休息。人愈加瘦小，就要撑不起官袍。好在一双眼睛，依旧精光逼人。

是日，他路过馆阁，无意中听到馆阁中人正在议论他。

一个说："老兄，你我二人偷偷谈论几句，想必不会传到欧阳副相的耳朵里去吧。要我看嘛，欧阳副相这人，为人刚直，却德行稍欠，刻薄有加，宽容不足。"听声音，好像是他的学生、嘉祐二年

（1057）他任主考官时录取的进士蒋之奇。

另一个说："欧公是有些脾气。可是，若无点个性，怎会成为欧公？再说，都如我这般泥古不化，天下人便都是一模一样了。欧公奖引后进，如恐不及，若无胸怀，怎可做到？"声音老成，像是他的学生曾巩。

他站在廊间，静默良久。

欧阳修文章锦绣，为人却耿介率直，放达不羁。而今年老，依旧是爱憎分明。多年为官，树敌无数，屡遭同僚诟病围攻。几起几落，每当他离开朝廷太久，仁宗就会想念他。

若说到奖掖后进，他实是问心无愧。对学生苏轼，从无耳提面命，自认关心不够，但苏轼那样的人，怎会甘居人后？怎会是笼中之鸟？作为身处高位的师尊，只要不压着他，放他出人头地，便是最大的支持和帮助了。

曾巩文章不艳，平和，大概和其个性沉稳相关。苏轼则是满目锦绣，文华飞逸之外，才胜于学。

这些学生当中，最像我的，还是曾巩吧。

欧阳修酷爱收集金石碑版，学生曾巩亦是。

起初，曾巩崇拜欧阳修，真没其他想法，不过是单纯钦慕欧阳修的操行，喜欢欧阳修的文章。写成《上欧学士第一书》，在信中表明，我曾巩绝不是随波逐流之人，也不是攀枝附叶的小人：我家世代都是读书人，不懂得从事别的职业。学生自幼及长，努力于文字之间。从记事时候起，得到您的文章，便口诵心记，认真学习。他渴望能够拜欧阳修为师，恳请老师收下他这个学生。

　　欧阳修遭贬，曾巩专程前往滁州看望恩师。二十多天里，师生二人日日促膝谈心。往后，曾巩常跟人说起，这二十几天，犹如二十年饱读诗书，让其受益匪浅。一日，师生二人散步来到"醒心亭"，欧阳修说："曾巩，你不妨写一篇《醒心亭记》给我看看。"曾巩依照恩师的命题很快写出来，交给恩师，欧阳修看后满意称赞："写得好。"

　　嘉祐二年，曾巩考中进士。在地方干了几年之后，欧阳修便将其调回馆阁，辅佐自己编修《新唐书》。

　　安稳平和之人最宜修史。正如曾巩在《墨池记》中所说，王羲之的成功，并不是天生的，也是靠后天努力和汗水得来的。欧阳修想着学生曾巩和自己同样的一路走来的艰辛和努力，微微颔首。

这天，他邀至交蔡襄等相聚于家中，蔡襄为他的《集古录》作序，他则为蔡襄的《荔枝谱》题跋。

几名学生、晚辈围着观看。

欧阳修长子欧阳发拿着蔡襄所书《荔枝谱》，连连称赞说："蔡公是书含蕴温雅，一以贯之，膏润无穷，实是世间难得的小楷佳作。"

蔡襄儿子蔡旬却说："欧公题跋，端庄秀劲，稍露锋芒又顿挫有力，书体新丽，自成一家。"

曾巩道："二位师长皆是流水行云，运笔精谨，正所谓集古流芳。"

蔡襄指点评说："永叔《集古录》笔势险劲，尖笔干墨，却书成方阔雄伟。不过，这乃是十分自然之事，永叔本身编纂的是金石学著作，字里行间，不免沾染许多的金石气息。"

蔡旬又指着其中一段说道："伯父此段跋记，详细介绍陆羽生平故事，乃其完整小传，正与家父

《茶录》相表里。伯父摘录史料，考订补正，传道说理，以惠我辈学子，以惠后人多多。字书刚健峭拔，不与流俗，亦是法书典范。"

欧阳修敛容："呵呵，你父亲蔡君谟跟前，我不敢说我能书也。"

蔡襄说道："永叔之好，正在无心为好、无丝毫刻意。"又娓娓对晚辈训诫，一般人学书，只重笔墨，徒求形似。他们哪里知道，学书人要胸中有书，又要胸中无书。胸中有书，是指要如同伯父永叔一般，"马上、枕上、厕上"，读得百万诗书；胸中无书，亦是要如同欧阳伯父一般，不要太看重笔墨外形，应有内涵，有自己主张，知白守黑，知荣守辱。

众人点头。

欧阳修拿着《荔枝谱》小楷书说道："君谟书得魏晋平正雍容，无丝毫丑怪，无有积习。书法，有个性不难，譬如我。难的是如君谟，守正出新。

"我跟君谟三十多年情谊了。我很幸运，君谟极少为他人书，就连先皇仁宗生前请为张贵妃写墓志铭，也推脱说不合礼仪，不愿着笔。对我却是每求即书。个中真情，几人能懂？"

蔡襄笑道："欧阳永叔，自是不同。再说，你写《牡丹谱》，我写《荔枝谱》，既有情谊，又含风雅，亦惠农人。"

又对曾巩温言说道："有其师，有其徒。永叔好藏书，好金石，你亦甚好。"

曾巩对其师欧阳修，可谓亦步亦趋。欧阳修留心收集碑刻，收到韩愈文章真迹多篇，一一校订韩愈文集谬误，又收得韩愈亲笔《唐田弘正家庙碑》碑拓，收入《集古录》，在其后跋曰：我家藏书万卷，唯有《昌黎集》是我考进士前得到的，最是旧物。……唯独我家的版本经过多次校正，时人共传，版本最好。

曾巩亦珍藏古籍达二万余册；又学欧阳修，留心收集金石碑拓。已集成五百卷，预备刊刻，请恩师欧阳修为其题写书名，拟命名为《金石录》。

"前些日子我为仪国公（宰相韩琦，字稚圭，新封仪国公）所作《昼锦堂记》，今日依然要请君谟用大字楷书来完成。"欧阳修对蔡襄说道。

蔡襄答："韩稚圭正如永叔所言，德被生民，而功施社稷，就怕我写来未能如意。"又叹息道："当初庆历年间共事几人，范文正公离世多年，韩稚圭亦老去。我和你，也都是白发衰翁了。"

欧阳修说："焉能不老？不老便成妖了。"

欧阳修收藏辑录多年的金石学著作《集古录》终于完成。此书乃欧阳修多年身处馆阁，公职之便，广泛观览公私收藏，更请朋友于各地留心收集，集录历代金石拓片达千卷而成。他欲将此些可正史学缺误的作品，自题跋尾，集录刊刻，凝缩为十卷，命名《集古录跋》，简称《集古录》。因国君新丧，不便举乐，各人近来均是家居读书。是日，特请蔡襄前来为其书写序。

欧阳修是书，凡所收钟鼎彝器铭刻，必摹勒铭辞原文，再附释文于后，并尽可能简述该器的出土、收藏情况、所属年代及其间遗闻逸事等。凡石刻文字，也必考其立石原委，时代更迭，及所记史实的始末。

比如，对陆羽，便以跋记，为其书写了一篇小传，详细介绍从前世人未知的陆羽身世，以及其写作《茶经》，成为茶圣的经过。

　　因深切怀念洛阳故交挚友谢绛、尹洙、梅尧臣，在自序中，欧阳修表达了深深的思念之情：三君谢世，看不到集录成书，真是太令人伤心了！

伶官入传

是日，午后起身，欧阳修便一直在补写好多年还未完成的《五代史记》。写后唐李姓原本出于西突厥，因功赐姓李；写李克用眇手跛足，起于乱世；写其子李存勖（xù）宠溺优伶，丧身辱国；写唐明宗虽庙号"明"，然"夷狄性果，仁而不明"……写着这个为时不远赤地千里、白骨露于野的乱世，他数度哽咽。

情绪稍稍平复，他再次提起笔来，写下三个大字"伶官传"。

后唐庄宗喜好俳优，又知音律，能作曲，至今汾、晋两地俚俗，依然有很多人能唱他作的歌曲，叫做"御制"的，都是他的作品。他小字亚子，又字亚次。还为自己取了个艺名，叫做"李天下"。从他为王开始，到后来成为天子，常常和俳优在庭院中演戏，伶人因此得势，导致亡国。

每回，写着一个过去年代的人物，欧阳修都将自己置身其中，横刀勒马，笑对滚滚铁骑；浅斟低唱，极目滔滔江水。他倾注了许多的感情，细描笔下这各有欢笑、各有苦痛的乱世群像，书写着传主的苦痛与甘甜，荣辱与悲欢。

夷狄之族，缺少文字，没能实时记下重要人物的一言一行。那么，这件事情，就交由我欧阳修来完成吧。

写着李存勖，感念驾崩不久的先皇仁宗，灯下，欧阳修停住了手中之笔。这古往今来，君王，要论仁明宽厚，文质彬彬，还是得数我大宋圣主、先皇赵祯。

为人君，止于仁。

待臣宽厚，待己却严，仁宗向来颇为自律、节俭。某年秋，有官员献上蛤蜊。

圣上问："由哪里来的？"

答："从远道运来。"

又问："需多少钱？"

答："共二十八枚，每枚钱一千。"

圣上怒叱："朕常常告诫尔等需节俭，现区区几枚蛤蜊就得花费二万八千钱！朕实在吃不下呀！"

他真的也就没有吃。

欧阳修这才没写两段，好友蔡襄笑眯眯站在眼前，拿起他的手稿来看。

唐祚不永，国家内乱，在中原地区，相继出现了梁、唐、晋、汉、周几个政权，统称为五代，全是些短命而混乱不堪的王朝，共存五十余年。其中，后汉最为短暂，享国不到四年。赵匡胤的父亲，后被追尊为武昭皇帝、庙号宣祖的赵弘殷就在这些个走马灯似更迭的王朝里，靠着长枪短棒，拳脚功夫，在死人堆里，讨碗饭吃。——其初事后唐王镕，有功，留典禁军。后汉时任护圣都指挥使。入后周，以功累迁至检校司徒，封天水县男（所以，宋朝又称"天水一朝"），与子赵匡胤分典禁兵。而后，赵匡胤继承父志，勃郁奋起，陈桥兵变，于后周幼主柴宗训手中取得天下，定都汴梁

（东京），建立宋朝。

蔡襄看过，说道："如此为伶官作传，读之齿颊留香。今永叔即将封笔，就从前陆续所读，要而论之，我以为，整部书稿，大含细入，悲情之厚重，诗意之浓烈，司马子长之后，再未见到。

"书中标明立传的人物有二百五十六人，其中故事生动，性格鲜明，给人留下深刻印象的，大约有五十人。帝王之中朱温、李存勖等功业之筚路蓝缕，遭遇之坎坷离奇，人物之生动鲜活，在永叔笔下，可谓一唱三叹。永叔每发议论总爱以'呜呼'二字开头，愤激感慨，饱含热忱，爱憎分明。客观严谨之中，充篇盈纸，乃吊古伤今之情。

"永叔所作，不同以往官修史书之刻板，采以太史公刻画人物之细腻传神，叙事波澜跌宕，议论恰切精彩，既补充《旧五代史》中所无之史实，又以区别于前人之议论，笔调轻灵，引人入胜，干练浑茫中时露诙谐幽默，读之可谓汲引忘疲，奖题不倦。精彩、精要、精到，将来修成，不妨命之曰《新五代史》？"

欧阳修点头："深谢君谟。我自撰《五代史

记》，勉力做到法严词约，多取孔子《春秋》遗旨，欲以出新。"

他放下手中笔墨，走出，立于廊间，望向暗夜深处，叹道："呜呼！五代之乱极矣！"

宋立国近百年，战乱已远，世间歌舞升平。街市繁华不说，东京城瓦子勾栏，时常让人忘了今夕何夕。

说话、杂剧、套曲、百戏……从宫廷乐舞到民间说唱，缙绅高官到普通士民，无不沉迷其中。伶人水袖，优孟衣冠，占据着舞台，吸引着大众。戏子不以为耻，反以为荣。真宗后刘娥，便出身于优伶。

欧阳修已极少填词了。他渐渐懂得晏殊，明白为官之人、为高官之人，一举一动，尤其不可以随心所欲。过去他张狂自大，瞧不上老师持重内敛，认为晏殊做张做势，乔模乔样，往往作诗讽咏。

唉！有的事，譬如作词写诗蹴鞠，偶一为之可以，太把它当回事，恐怕只会带来祸害。

他之所以提笔写伶官，老实说，心中是隐隐有些担心的。国家兴衰败亡不由天命而大多取决于

"人事"，执政者不能不居安思危，防微杜渐，力戒骄侈纵欲呀。

《伶官传》中着力刻画的后唐庄宗李存勖是五代十国中最著名的武将皇帝，其辅佐父亲李克用以兵起家，在位短短几年，并岐国，灭前蜀，得凤翔、汉中及两川之地，震动南方割据诸国，为五代诸君中最有可能统一天下的一个。但是这位出身"夷狄"的皇帝有个爱好：唱戏。还给自己起个艺名"李天下"。

某天，李存勖与众伶人在庭堂中戏耍，他假装看看四面，大叫："李天下，李天下在哪？"

敬新磨（李存勖最为宠爱的一名伶人）向前，用手狠狠抽打庄宗脸颊。庄宗变了脸色，左右及众伶都很害怕，一起抓住敬新磨责问说："你怎胆敢抽打皇上的脸颊？"

敬新磨回答说："李天下，世间只有一个，那么，你（庄宗）叫谁呢？"于是左右都笑了。庄宗大喜，重重赏赐敬新磨。

好唱戏也没什么，李存勖还格外宠幸伶人；宠幸也就罢了，他还给了这群人无比的荣华富贵；给

写着李存勖，感念驾崩不久的先皇仁宗，灯下，欧阳修停住了笔。

赏赐也就罢了，他还动辄给伶人封官、封州郡，给他们无上的权力。最后，他亦死在自己最为宠幸的伶人手中。

欧阳修轻声说道："我着力写伶官，无非是想说明，'忧劳可以兴国，逸豫可以亡身'。再就是，'祸患常积于忽微，而智勇多困于所溺'。"

他饮下一口茶，接着说道："《五代史记》虽是私修，亦属不易，自景祐三年（1036）着手编撰，到皇祐五年（1053）大抵完成，前后却是一十八年了。还有许多不足需进一步修正。"

蔡襄说："如此浩大繁复的一项事业，能将其完成，殊为难得。"

欧阳修捋髯而笑，眼中星星闪耀："发愤忘食，乐以忘忧，不知老之将至。"

主政青州

因遭学生蒋之奇等人诋毁，欧阳修愤而请辞，再到地方任职。

青州。他盯着桌上的红丝砚，目光久久没有离开。

那年，好友蔡襄送他一方青州红丝砚，说是比端州石还要好。他试用之后，认为蔡襄评价颇有溢美之词。不过，这块砚台石材上佳，制作精良，亦是案头好物。

浑浊的老泪，顺着他的脸颊无声落下。石砚犹在，送他此物的老友却已不在人世。

治平四年（1067）秋，欧阳修离开朝廷后不久，得到消息，蔡襄病逝于其故乡——福建路仙游枫亭，享年仅五十六岁。

和自己一样，好友一生，太过操劳，太多磨难。"其生若浮，其死若休"，从此，他可以安然长眠于地下了。

因坊间传说蔡襄曾上书仁宗反对立英宗为太子，所以神宗登基，秉承父志，一违古礼，没有为这位正三品高官赐下谥号。欧阳修在朝廷，自身难保，只能默默派人前往莆田吊唁，并为好友写下墓志铭。

欧阳修这些年卷入朝廷党争，也是身不由己。

仁宗无子，英宗登基，新皇面对着的第一件事情，便是他的老爹濮王该怎么称呼。

英宗亲政仅半个月，宰相韩琦、参知政事欧阳修就联名向英宗提议请求朝廷有关部门商议英宗生父的名分问题，他们认为应该称濮王为"皇考"——考，父亲也。以英宗私心而言，韩琦、欧阳修等的提议正合其意。其时仁宗逝世已有十四个月，英宗因心中有鬼，一直拖着，批示等过了仁宗大祥再议，也就是待满二十四个月再说。治平二年（1065）四月，韩琦等再次提出这一议题，于是，英宗诏命将议案送至太常礼院，交两制（翰林学士与中书舍人）以上官员讨论。由此引发了一场持续十八个月的论战，这就是北宋史上有名的"濮议"。

以王珪为首的两制官员认为，濮王于仁宗为兄，英宗应称其为皇伯，并请求英宗将两种方案都提交百官讨论。出乎英宗以及韩琦、欧阳修等意料，百官对此反应极其强烈，大多赞同两制官员的提案。仁宗后、曹太后（慈圣光献皇后）闻讯，亲自起草懿旨，严厉指责韩琦等人，认为不应当称濮王为皇考。

治平三年（1066）的一天，中书大臣共同议事于垂拱殿，当即议定濮王称皇考，由欧阳修亲笔拟定两份诏书，一份呈皇上。中午时分，太后派一名宦官，将另一份封好的文书送至中书，韩琦、欧阳修等人打开文书，相视而笑。这份文书正是欧阳修起草的诏书，不过是多了太后的签押而已。太后一直与养子英宗不和，这一次竟不遵礼仪，不顾群臣反对，尊英宗的生父为皇考，着实令人费解。

尘埃落定，韩琦、欧阳修作为胜利一党，该高兴才是。但欧阳修却无论如何高兴不起来。

之前，曹太后秉政，与英宗不和，欧阳修和韩琦深感忧虑，不停奔走于两宫之间，说合，劝谏，劳心费神，终于化解危机。这回，他们一心一意拥戴英宗，为的是树立君主威权，但从此之后，怕是要与反对派结下梁子了。

我欧阳修在人们心目中，难免成为佞臣一名，可谓晚节不保。唉！

他又想起年轻时候，被贬夷陵故事。安慰自己说，怕啥？我老了，血却依然是暖的。

他的确老了，背伛偻，目昏花，一身是病，只有脾气依然如故。

沉思间，仆人来报，临淄县令蒋之仪前来拜见。

蒋之仪拱手，属下来谢欧公成全，并为愚弟赔个不是。

欧阳修哈哈大笑，莫非阁下身处公堂，兄长有罪，还要连坐不成？

原来，蒋之仪是蒋之奇的哥哥。

临淄属青州管辖，欧阳修前来青州主政，蒋之仪如坐针毡。来之前，朝廷有人不喜蒋之仪为人，特意嘱咐欧阳修寻个不是，伺机修理蒋之仪一番。

欧阳修来到，多方考察，认为蒋之仪是一名合格官员，于是非但不从权贵所嘱，反而上奏，对蒋之仪尽力保全。

新皇神宗为摆脱王朝所面临的政治、经济危机以及辽、西夏不断侵扰的困境，召见王安石。王安石提出"治国之道，首先要确定革新方法"，敬请神宗效法尧舜，简明法制，锐意变革。

离开朝廷之前，欧阳修上疏，力荐司马光"德性淳正，学术通明"，为的是在朝廷中埋下一颗可以和王安石相抗衡的种子。

熙宁三年（1070）二月初，神宗继任用司马光为翰林学士、御史中丞之后，更擢拔司马光为枢密副使。司马光因与王安石政见不合，以"不通财务""不习军旅"为由，坚决推辞，从十五日到二十七日，连上五封札子，自请离京，遂以端明殿学士知永兴军（今陕西西安）。

"白首归田空有约"，是年五月，诏知青州欧阳修不听朝廷指挥，擅止散青苗钱，特放罪。

对于这件事情，还得从头说起。

靠种地为生的农民，一年最苦莫过于青黄不接的春季，好多穷苦人家，难免断炊。官绅富户往往在这个时候借高利贷给农民，往后，便多有因还不起利滚利的高额借贷而家破人亡的。

王安石为鄞（yín）县知县四年，"修水利、放青苗、严保伍、兴学校"，政绩有目共睹。即以"青苗"而言，当贫苦农民青黄不接时，他即将谷物贷给百姓，等产出粮食后加些利息偿还，使（官仓中的）陈谷能够换成新粮，鄞县百姓深感方便。后来由他主持的"青苗法"，便是把鄞县经验推向全国。

小地方做法虽好，推向全国，便有些问题。朝廷上下，反对声浪此起彼伏。

司马光上奏，青苗法由朝廷推行，事情很难做好。以前富户因为有钱有势，便可盘剥百姓；而今加上朝廷强推，县官督责严厉，恐细民将不聊生矣。

几名官员陆续反馈，推行青苗法，因政绩考核要漂亮，各处提举官争先以多散为功；而按人头比例发放贷款，有钱人家当然不愿借，穷人想借又得不到指标。

欧阳修在青州，屡屡批评青苗法的利息与高利

欧阳修在青州，屡屡批评青苗法的利息与高利贷相较，是五十步笑百步。

贷相较，是五十步笑百步。他亦仿效好友富弼，自行其是。

王安石作《答司马谏议书》怒斥：这群书呆子，习惯于苟且。士大夫大多把不顾国家大事、附和世俗、献媚讨好当成好事，我王安石无暇计算敌之众寡，欲全力辅助圣上以抵制这股歪风邪气！

迫于情势，神宗打算重新起用欧阳修为参知政事，问王安石说："爱卿认为欧阳修和邵亢相比如何？"王安石答："欧阳修高才，哪是邵亢能比的呀。"

再问："欧阳修和赵抃（biàn）比呢？"王安石答："欧阳修亦胜过赵抃许多。"

又一日，神宗问王安石："欧阳修和吕公弼（吕夷简次子）比如何？"意思是欲以欧阳修替代吕公弼。王安石说："欧阳修仍胜过吕公弼。"

再问："和司马光比呢？"王安石说："欧阳修胜过司马光。"

神宗遂决定起用欧阳修。王安石却说："陛下宜亲自召对，跟他谈论时事，仔细审察欧阳修这人究竟怎样。"

神宗于是派遣内侍冯宗道，特赐欧阳修以宣徽南院使、知太原告敕，谕令他赴阙朝见。

过了些时日，王安石看欧阳修没啥动静，知道他必不会依附自己，奏道："欧阳修这人嘛，虽说还算良善之人，但见事常多乖理。陛下若是重用欧阳修，欧阳修定会尽力煽动一些和他亲近之人，扰乱陛下之大事，陛下务必首先除去此辈。"

神宗问："这些人指谁？"王安石沉思良久，奏道："欧阳修喜欢有文华之人。"

意思是指苏轼、曾巩等。

神宗便不再说话。

过了一夜，王安石想想，上朝时又急急奏道："陛下欲用欧阳修，欧阳修所见多乖理，恐耽误陛下的改革大计。"

神宗说："可是现在朝廷无人可用呀。"

王安石回答："宁用寻常人，不用梗者（有刺的，与众不同的）。"

神宗说："也必须要用肯做事的人。"

王安石回答："肯做事固然很好，若是他做的事情跟常理相背，便不好；再说，陛下每做一件事难免被众臣议论，若是因之受到牵制，便失去了做事的良机。此皆是臣下所以不能不替陛下事先考虑的。"

神宗下诏：等欧阳修人到了再慢慢议定。

于是王安石抓紧时间，力阻欧阳修进京。

秋七月，神宗下诏，新判太原府欧阳修罢宣徽南院使，复为观文殿学士、知蔡州（今河南汝南）。

欧阳修以多病数上奏章请求致仕，神宗不许。

王安石再禀神宗，欧阳修附丽韩琦，以韩琦为社稷之臣，并屡屡攻击新法。如此人，与一州则坏一州，留在朝廷则附流俗，坏朝廷，陛下您必令留之何用？

神宗深以为然。

欧阳修心灰意冷，到蔡州后，凡写文章，署名由"醉翁"改为"六一居士"。

颍水之滨

　　平生为爱西湖好，来拥朱轮。富贵浮云，俯仰流年二十春。　　归来恰似辽东鹤，城郭人民。触目皆新，谁识当年旧主人。（《采桑子》）

　　这首词中的西湖，不在杭州，而在颍州（今安徽阜阳）城西北二里。此湖长十里，阔二里，有烟波浩渺之致。

　　熙宁四年（1071）六月，欧阳修以观文殿学士、太子少师致仕（即退休）；七月，归颍州。

　　几度来颍，这回，他是真真归去兮，再也没有离开。

　　吾老矣，世界是王介甫他们的了。

熙宁二年（1069）九月，参知政事王安石、枢密使陈升之主持制置三司条例司，颁布施行青苗法，亦称"常平新法"，将常平仓、广惠仓的储粮折算为本钱，以百分之二十的利率贷给需要的百姓，以抑制民间高利贷盘剥，吹响新法之第一声号角。熙宁三年（1070），时年五十岁的王安石于本年十二月，拜同中书门下平章事、史馆大学士，与韩绛并相，立保甲法。新法雏形渐成。熙宁五年（1072）春，王安石行市易法等，设市易机构，以官钱作本，收购市上的滞销货物，政府直接参与市场交易。熙宁变法如火如荼。

对于新法的好或者不好，欧阳修当然不可能如同他的学生苏轼一般，慷慨激昂，作诗讽咏，或者时常与人议论争辩。对于看不明白的事情，三缄其口，保持沉默，或者变相抵触，虚与委蛇，并不积极执行。政事、人物，他看得没错，学生曾巩、曾布兄弟二人，还是要来得老练些。而章惇虽说笔墨文章不如苏轼，却也是天下难得的人才。他对自己嘉祐二年（1057）知贡举时所录取的诸多人才，真是满意极了。想必欧阳修此生，并没有辜负先皇、圣上、国家和人民对我的期望。未来，就交给这群年轻人吧。

我已经不愿意，或者说没有资格对世事指手画脚了。

站在颍水河畔，"夜深风竹敲秋韵"，笙歌散尽，万叶千声，皆成往事。

"吾家藏书一万卷，集录三代（夏商周）以来金石遗文一千卷，有琴一张，有棋一局，而常置酒一壶……以吾一翁，老于此五物之间，是岂不为六一乎？"

是的，六一居士，人生不过如是。在这天地间，我也不过仅只留下这区区的"六个一"。六十六年光阴走过，能带来些什么呢？又将带走些什么？或许最终，什么都带不走。

他走入室内，竹影轻移榻上。他坐上床榻，悠悠拨动琴弦。这是母亲留给他的纪念物。

母亲离去，已是二十年整。

熙宁五年（1072）七月半，中元节。

他弹奏起母亲教给他的曲子。不由想起刚到随州那年，时逢中秋，也是如同今夜一般明亮的圆月吧？他刚满五岁，便跟随母亲学琴。

"众器之中，琴德最优。"母亲目光严厉，严厉中又带着几分温柔，几分凄婉。

他又想起那年，被贬到夷陵，心中好生郁郁，又是母亲的开解，让他走出低谷。

他的眼泪流了下来。

今夜泷冈的明月，可曾依依相伴您的坟前？

那年，他将母亲安葬于父亲身边，故乡江南西路的一座小山岗（名为泷冈）之上。并于熙宁三年（1070）、父亲去世六十年之后，作《泷冈阡表》，以哭父母——

"修不幸，生四岁而孤。太夫人守节自誓，居穷，自力于衣食，以长以教，俾至于成人……"

我不幸，四岁便没了父亲。是我的母亲，立志守节，居于贫穷，靠自己的力量操持生活，养育我教导我，使我长大成人。

他又想起先后逝去的两位夫人，负阴抱阳，一如明月，相随终生。多么美好的女子呀，欧阳修何德何能，能够得以与她们今生相遇？

那年春天，他高中进士，骑马游行整日，可谓风光至极。胥氏还不到十六岁吧，新婚之夜，她笑微微抬起头来，头上插了一朵鲜红的牡丹。窗外，花气袭人，把夜染成香浓。

恩师胥偃逝去多年，晏殊也离世近十八年。想到恩师胥偃和范仲淹的恩恩怨怨，想到自己和晏殊之间说不清道不明的纠葛，欧阳修喃喃自语，两位恩师，还是胸怀不够吧。

归颍之后，他取平生著述自编《居士集》五十卷。一篇文章经常看几十遍，有时候好几天还决定不了这篇文章到底要还是不要。他十分慎重，舍弃了致仕以后的诗文，也舍弃了全部词作。

是去年冬天吧，他正端坐书房整理书稿，老妻薛夫人走进屋来，笑道："夜深了，相公还不歇息？莫非害怕先生责骂不成？"

她真老了，银发正如屋外的飞雪，笑颜依旧是窗前的寒梅。她来我家，已是整整三十六年，贫穷经过，富贵有过，青春走过，幸福到过。

欧阳修笑答："不怕先生骂，但怕后生笑。"

"孩儿如若将来有了出息，不可不慎终追远。"

他对着空中，点了点头，仿佛母亲还在——

"果珍李柰（nài），菜重芥姜。海咸河淡，鳞潜羽翔。"母亲缓缓说道，这句说的是，水果里最珍贵的是李子和柰子——柰子，也叫花红，又叫海棠果；蔬菜中最为重要的是芥菜和生姜。海水是咸的，河水是淡的；鱼儿在水中潜游，鸟儿在空中飞翔。孩儿，事事皆有学问在其中，昨日为娘跟你说了，吃饭时，不可将筷子插在饭上，那是祭祀先人的行为。也不要用筷子指着别人，更不要嘴里含着饭说话，此些行为，都让人感觉粗鄙、缺少家教。以筷子击盏敲盅，更是饭桌上大忌，寓意穷困潦倒，十分不吉，定要避免。只因世上之人，唯有要饭的乞丐才用筷子击打饭盆，发出声响，再加以嘴中哀告："老爷夫人，赏小的两个吧，赏小的两个吧。"

听母亲讲得形象，他不由得"噗嗤"一声笑出声来。

他将平生闲适纵乐、沉迷个人情感的写作，统统屏弃于著述之外。

将来盖棺论定，这样，或许会比较像样吧？

挽救斯文，有所担当，是一名大宋读书人应有的使命感和终极追求呀。

欧阳修
生平简表

● ◎宋真宗景德四年（1007）

农历六月二十一日（8月1日）寅时，欧阳修生。其父欧阳观时为绵州军事推官。

● ◎大中祥符三年（1010）

欧阳观于泰州军事判官任上病逝。欧阳修叔父欧阳晔时任随州推官，欧阳修母郑氏，携欧阳修前往投靠。家贫无资，欧母以荻画地，教欧阳修识字。

● ◎大中祥符四年（1011）

葬父欧阳观于吉州吉水县泷冈。

●◎大中祥符九年（1016）

居随州。家益贫，借书抄诵。

●◎宋仁宗天圣元年（1023）

应举随州，落第。

●◎天圣五年（1027）

参加礼部试，未中。

●◎天圣六年（1028）

携文谒胥偃，获胥公赏识，被留置门下。

●◎天圣七年（1029）

试国子监为第一。再赴国学解试，又中第一。

●◎天圣八年（1030）

参加礼部试，翰林学士晏殊知贡举，欧阳修为第一。御试崇政殿，登二甲第十四名。

●◎天圣九年（1031）

任西京留守推官。留守钱惟演，幕下多名士。与尹洙（师鲁）、梅尧臣（圣俞）交好，时常探讨古文、歌诗。娶胥偃女为妻。

●◎明道二年（1033）

夫人胥氏卒，时生子未逾月。

●◎景祐元年（1034）

任馆阁校勘。再娶谏议大夫杨大雅女为妻。

●◎景祐二年（1035）

妹夫张龟正亡于襄城，前往悼祭，并接妹妹共同生活。夫人杨氏卒。

●◎景祐三年（1036）

作书切责司谏高若讷，降为夷陵县令。奉母夫人赴贬所。

●◎景祐四年（1037）

娶薛奎女为妻。叔父欧阳晔卒，往祭。

●◎宝元元年（1038）

胥夫人所生子夭。

●◎康定元年（1040）

召还京师，复充馆阁校勘。子欧阳发生。

●◎庆历三年（1043）

知谏院。欧阳修、王素、余靖同为谏官，致力改革。蔡襄受欧阳修等几人举荐，亦被仁宗任命为谏官，史称"四谏"。

●◎庆历五年（1045）

降知滁州。子欧阳奕生。

●◎庆历六年（1046）

在滁州，自号醉翁。

●◎庆历七年（1047）

子欧阳棐（fěi）生。

●◎庆历八年（1048）

知扬州。

●◎皇祐元年（1049）

知颍州。子欧阳辩生。

●◎皇祐二年（1050）

知应天府，兼南京留守司事。约梅尧臣买田于颍。

●◎皇祐四年（1052）

丁母夫人忧，归颍州。

●◎皇祐五年（1053）

自颍州护母丧归葬吉州永丰之泷冈，胥、杨二夫人一同归葬。

●◎至和元年（1054）

诏修《唐书》。迁翰林学士、兼史馆修撰。

●◎至和二年（1055）

以右谏议大夫出使契丹，充贺契丹国母生辰使。辽兴宗殂，
改充贺登位国信使。

●◎嘉祐二年（1057）

知礼部贡举。本科录取的人才有苏轼、苏辙兄弟，曾巩等。

●◎嘉祐三年（1058）

加龙图阁学士，权知开封府。

●◎嘉祐五年（1060）

上新修《唐书》二百五十卷。拜枢密副使。

●◎嘉祐六年（1061）

任参知政事。

●◎宋英宗治平四年（1067）

知亳州。第三子欧阳棐登进士第。

●◎宋神宗熙宁元年（1068）

连上表乞致仕，不允。改知青州。

●◎熙宁三年（1070）

改知蔡州。更号"六一居士"。

●◎熙宁四年（1071）

以观文殿学士、太子少师致仕。居颍州。

●◎熙宁五年（1072）

闰七月二十三日（9月22日），病逝。

●◎熙宁七年（1074）

谥文忠，世称欧阳文忠公。